Diagnostic réunit des ouvrages portant sur des questions de brûlante actualité et destinés au grand public. Les auteurs sont invités à y présenter un état de la question, à tenter de cerner le problème et à suggérer des éléments de solution ou des pistes de recherche, dans un langage simple, clair et direct.

Diagnostic veut informer, provoquer la réflexion, stimuler la recherche et aider le lecteur à se former une opinion éclairée.

Le catholicisme québécois

DIAGNOSTIC **28**

RAYMOND LEMIEUX
JEAN-PAUL MONTMINY

Le catholicisme québécois

Les Éditions de l'IQRC

Les Presses de l'Université Laval reçoivent chaque année de la Société de développement des entreprises culturelles du Québec une aide financière pour l'ensemble de leur programme de publication.

Nous reconnaissons l'aide financière du gouvernement du Canada par l'entremise du Programme d'aide au développement de l'industrie de l'édition pour nos activités d'édition.

Nous remercions le Conseil des Arts du Canada de l'aide accordée à notre programme de publication.

Données de catalogage avant publication (Canada)

Lemieux, Raymond, 1939-

   Le catholicisme québécois

   (Diagnostic ; 28)
   Comprend des réf. bibliogr.

   ISBN 2-89224-301-7

   1. Église catholique – Québec (Province). 2. Canadiens français – Québec (Province) – Religion. 3. Religion et culture – Québec (Province). 4. Pratique religieuse – Québec (Province). 5. Église catholique – Québec (Province) – Histoire. I. Montminy, Jean-Paul. II. Titre. III. Collection.

BX1422.Q8L45   2000   282'.714   C00-940857-6

Nous tenons à remercier Jean-Sébastien Trudel pour sa lecture très attentive du manuscrit et ses suggestions dans la correction finale du texte.

Illustration de la couverture : Réal Tétreault, *Jeu d'images et chantier d'enjeux* (détail).

Couverture : Chantal Santerre

Mise en pages : Mariette Montambault

Les éditions de l'IQRC
Pavillon Maurice-Pollack, bureau 3103
Cité universitaire, Sainte-Foy (Québec) G1K 7P4
Tél. (418) 656-2803 – Téléc. (418) 656-3305

Distribution de livre UNIVERS
845, rue Marie-Victorin
Saint-Nicolas (Québec)
Canada G7A 3S8
Tél. (418) 831-7474 ou 1 800 859-7474
Téléc. (418) 831-4021

Introduction

À entendre des dialecticiens arrivés récemment sur notre planète, il suffirait de dater d'avant-hier les opinions qu'on récuse pour se dispenser de ces « longues chaînes de raisons » qu'estimait fort Descartes.

Fernand DUMONT[1]

Que représente le catholicisme dans la culture québécoise ?

La question aurait semblé bizarre voilà quelques décennies seulement. Pouvait-on se dire *Canadien français* sans s'avouer du même coup catholique ? Elle mérite désormais attention, parce que la religion est aujourd'hui remise en question plus que toute autre dimension de l'identité québécoise. Certains en évoquent l'effritement, la dissipation, sinon la ruine et la disparition proche, d'autres en montrent les résurgences, l'infiltration dans les sphères les plus intimes de la vie, ou encore les manipulations occultes. Espèce en voie de disparition ou monstre caché, ses nuances deviennent difficiles à saisir. Nous commençons pourtant à mieux connaître un certain nombre de facteurs qui travaillent la culture religieuse québécoise : son éclatement, son pluralisme à l'intérieur même du

7

catholicisme, ses tensions et son dynamisme[2]. Des travaux montrent, notamment, comment les *croyances*[3] y sont désormais diverses et tributaires d'un marché du sens qui déborde, évidemment, les frontières politiques et culturelles. Les croyances ne sont plus partagées par des communautés naturelles, ni familiales, ni régionales, ni ethniques, ni nationales. Elles sont alimentées par des sources multiples. Leurs réseaux traversent les limites des groupes. Il ne semble pas que l'on croie moins aujourd'hui qu'autrefois. On croit plutôt autrement. Dès lors, chacun est mis en demeure d'établir ses propres *itinéraires de sens,* à l'intérieur comme à l'extérieur des institutions religieuses, puisant pour cela dans les traditions comme dans les nouveautés que lui présentent un marché du sens très ouvert. Certains parlent de *religion à la carte*, d'autres d'absence de balises et d'errances sans fin. Quoi qu'il en soit, le catholicisme n'est plus en mesure d'assumer la tâche d'*encadrement* de la conscience, individuelle et collective, des Québécois comme il le faisait autrefois. Que devient-il alors ?

Plus de trente ans après Vatican II et la Révolution tranquille qui ont travaillé le catholicisme d'ici chacun à sa manière, sans doute est-ce l'heure d'un diagnostic. Par la sécularisation qui a marqué son histoire récente, le Québec n'est pas très différent de l'ensemble de l'Occident autrefois qualifié de chrétien. Si nous nous attardons encore à la religion des Québécois, c'est que nous postulons que celle-ci possède toujours une importance réelle, quoique paradoxale il est vrai, dans leur culture. Sans avoir beaucoup changé au cours des trente dernières années, les statistiques nous disent que plus de 80 % des Québécois se déclarent catholiques. Ils forment en cela non seulement une majorité nominale mais une masse bien réelle malgré ses contours évanescents. Au Québec, comme dans le reste du Canada et aux États-Unis, ils représentent la confession religieuse la plus importante et souvent la mieux organisée. Et même si peu d'entre eux pratiquent régulièrement, ces catholiques font systématiquement baptiser leurs enfants. Au Québec, ils les inscrivent aussi très

8

massivement à *l'enseignement religieux et moral catholique* même si la loi leur permet de choisir un enseignement moral sans identité confessionnelle. Ils parcourent la plupart des étapes de l'initiation sacramentelle, beaucoup se marient à l'église et y passent à l'occasion des funérailles de leurs proches, plus ou moins surpris de ce qu'ils y voient et entendent.

Certes, on peut être tenté d'interpréter ces comportements comme des vestiges du passé. Mais il ne faudrait pas non plus conclure trop vite à la légèreté des comportements de nos contemporains. Même minimaux et paradoxaux, peut-être leurs gestes ont-ils du sens en définitive. Croyances, rites et discours associés au catholicisme ne reçoivent certes pas, aujourd'hui, la sympathie qu'ils attiraient dans le passé. Leur pertinence traditionnelle est remise en cause. Mais ne possèdent-ils pas néanmoins une pertinence *contemporaine* qu'il faudrait apprendre à qualifier ? Qu'apporte donc aujourd'hui le catholicisme à la vie québécoise ? Quelle place y tiennent les institutions chrétiennes, du point de vue individuel comme du point de vue collectif ?

Pour évaluer ce phénomène social qu'on appelle le catholicisme, on ne peut se contenter de le considérer uniquement en lui-même. Il faut le mettre en rapport avec d'autres réalités, d'autres temps, d'autres lieux. L'enjeu de cette évaluation consiste à *interpréter* les réalités que nous observons, d'en saisir la portée et les limites. Il nous apparaît particulièrement important, pour cela, de les inscrire dans la durée. Beaucoup prétendent, au Québec, que le sens de l'histoire a disparu. Le traitement que l'histoire reçoit à l'école, dans les médias ou ailleurs, révèle en tout cas un inconfort certain à son égard. Malaise encore plus évident quand il s'agit de religion et, plus encore, de catholicisme. Dans la première moitié du XXe siècle, l'essentiel de l'histoire racontée ici fut en réalité une histoire religieuse : des origines mystiques de la Nouvelle-France à la survivance, par la grâce d'une Providence toute catholique, d'un peuple minorisé en terre anglo-protestante. Puis

Une réalité complexe

ce discours s'est inversé. Comme si les nouvelles bourgeoisies assumant leur autonomie politique et économique dans la seconde moitié du siècle avaient désormais honte de leur enfance misérable, leurs discours, devenus dominants, ont stigmatisé la *grande noirceur* dans laquelle leurs ancêtres avaient dû vivre. L'Église s'est trouvée au banc des accusés.

Dans un cas et dans l'autre, dans les récits historiques écrits par les clercs traditionnels comme dans ceux des contemporains, la réalité sociale apparaît comme un bloc compact. Le risque est alors grand d'oublier les couleurs nuancées de la vie. L'histoire humaine, de tout temps et sous toutes les latitudes, s'avère bien rarement noire ou blanche. Elle est le plus souvent entre deux tons ! Indécise, oscillante, prétexte de conflits et de débats, lieu d'affirmations d'intérêts et de recherches d'authenticité, l'histoire religieuse d'un peuple, comme ses religiosités contemporaines, ne se laisse pas contenir dans les lectures impressionnistes ou naïves. Il n'existe pas de temps social d'une seule coulée. Les humains s'inscrivent plutôt dans « des temps sociaux à mille vitesses, à mille lenteurs, qui n'ont presque rien à voir avec le temps journalistique de la chronique et de l'histoire traditionnelle[4] ». Fernand Dumont l'a aussi montré : un peuple est issu d'une genèse. À l'instar d'un individu, il doit travailler à élucider son histoire pour commencer à comprendre son identité[5]. Dénonçant ou lénifiant, sans doute notre rapport à l'histoire est-il en cela signe d'une identité encore bien mal assurée dans la modernité contemporaine.

Penser l'avenir, comme penser le passé, est maintenant un défi. Le temps personnel, le temps du projet, celui du sens, sont marginalisés, résiduels, enfermés dans une subjectivité d'autant plus fragile que ses marges de manœuvre sont limitées. Voilà près de trente ans, la Commission d'étude sur les laïcs et l'Église, communément appelée Commission Dumont, titrait son rapport : *L'Église du Québec, un héritage, un projet*[6]. La question se pose encore aujourd'hui : le catholicisme peut-il être porteur de projets pour les Québécois ? Sur quelle mémoire peut-il s'appuyer pour assurer sa pertinence ? Peut-il se prévaloir d'une identité qui lui est singulière dans l'environnement pluraliste contemporain ? Est-il destiné à se fondre dans la masse ? À quels dynamismes, à quels tiraillements, à quels conflits internes, à quelles utopies donne-t-il lieu ? À quelles ouvertures sur le monde, à quels retranchements la culture catholique héritée, cultivée par l'Église, diffusée par l'École, reflétée par les médias, contestée, encensée, brocardée, oubliée, donne-t-elle accès ? Le catholicisme est-il capable de prendre place dans les espaces publics contemporains ? Ou doit-il se contenter du souvenir ?

Telles sont les pistes du *diagnostic* dont ce petit livre voudrait poser les jalons. Certes, nous n'avons pas la prétention de tout dire, ni de contrôler la totalité des facteurs qui font la vitalité d'un mouvement social comme celui qui nous intéresse. Il nous semble important, dans le contexte d'un Québec au tournant de son histoire, de déconstruire un certain nombre de mythes reçus le plus souvent sans critique par les nouvelles générations et véhiculés tant par l'institution catholique que par la culture commune. Nous avons déjà évoqué le premier de ces mythes : la supposée grande noirceur des siècles passés, l'obscurantisme tenant lieu de politique cléricale, la chape de plomb imposée aux consciences individuelles et au dynamisme culturel par une institution totalitaire. La plupart de ces idées, dans leur expression totalitaire, ne survivent pas longtemps à l'analyse historique. L'Église a aussi été pauvre, dans le Canada français traditionnel. Nos pères et nos mères ont su également, comme nous, prendre leurs libertés, sinon leurs distances. Le contexte culturel dans lequel ils le faisaient n'était cependant pas le nôtre. Aussi est-il odieux de juger les réalités d'hier avec les critères d'aujourd'hui : on risque d'y amplifier le mal pour s'excuser de n'avoir pas su le dépasser. Le deuxième des mythes à attaquer s'articule sur le premier pour en présenter, en quelque sorte, l'inversion. C'est celui qui avance la vision d'une société contemporaine complètement sécularisée. Il ne survit pas non plus à l'analyse sociale. Si les

*Une réalité
à démythifier*

11

idées générales qui le portent ont pu sembler crédibles dans les années soixante-dix, pour la génération qui a alors vécu la modernité comme un choc culturel, elles deviennent illusoires quand on considère les résurgences de sacré et les religiosités paradoxales qui animent le monde contemporain, sans compter la religion diffuse et qui émane des idéologies de marché elles-mêmes.

Pour atteindre ces objectifs, nous proposons un parcours en trois étapes.

La première consistera à jeter un regard historique sur la réalité religieuse du Québec. Pour ce faire, nous ne retournerons cependant pas nécessairement aux origines de la Nouvelle-France. Nous partirons plutôt de la Conquête, au XVIIIᵉ siècle, parce que cet événement est à sa façon fondateur du Québec *moderne* et qu'il a institué un régime de rapports nouveaux entre le catholicisme et la société. À la suite du passage sous la domination de la Grande-Bretagne, les références de base du catholicisme en Amérique francophone vont complètement changer. Une nouvelle histoire commence alors pour lui, dans la deuxième moitié du XVIIIᵉ siècle, quand sa lutte pour la survie épouse celle du peuple dont il devient l'étendard, par une sorte de nécessité historique acceptée de bon gré. L'évolution de ces rapports, par la suite, restera tributaire de cette structure, de plus en plus indépendante de la situation coloniale française. Nous qualifions de *politique* ce regard historique parce que son objet consiste à tirer au clair le rôle de la religion dans la dynamique sociale qui se met en place. Il renvoie à la poursuite des objectifs généraux et communs mobilisant alors les citoyens de ce qui a été une colonie anglaise, puis une province canadienne. Nous y chercherons des indices pour mieux comprendre le rôle du catholicisme, positif ou négatif, dans la définition de l'identité collective du peuple canadien-français, puis dans le *passage à la modernité* que celui-ci entreprendra dès le XIXᵉ siècle, passage devenu incontestable à la fin du XXᵉ siècle.

« La *polis*, disait déjà Aristote, appartient aux choses qui existent par nature, et l'homme est par nature un être politique. » On comprendra donc que nous proposions ici la charpente d'une lecture politique de l'histoire religieuse du Québec. La politique est cependant, du même souffle, le lieu par excellence de l'ambiguïté. Domaine de la raison et de l'émotion, du calcul et de la pulsion, du sens et du non-sens, du signifiant et de l'insignifiant, elle inspire les luttes les plus acharnées et les discours les plus éphémères. On s'y perd avec d'autant plus de candeur qu'on avoue y croire de moins en moins.

En deuxième étape, nos questions seront moins historiques et moins politiques, pour devenir plus *culturelles*. Nous nous interrogerons sur la nature du catholicisme d'ici : son organisation certes, mais aussi sa signification dans les mentalités des Québécois, quels que soient par ailleurs leurs liens avec ses institutions et leur fidélité à ses dogmes. Nous tenterons dès lors de mieux comprendre comment ce catholicisme s'est diffusé dans la culture commune et comment il a pu réagir aux influences exogènes. Comment ses traditions ont-elles appris à réagir au pluralisme social ? Comment ont-elles composé avec la modernité ? À moins qu'elles ne s'y soient montrées réfractaires.

Enfin, nous appuyant sur ce fonds d'histoire et d'analyse culturelle, nous proposerons une réflexion qui ressort plus directement du *diagnostic* : une lecture de l'actualité dans son dynamisme spécifique. Nous répercuterons alors une interrogation qui hante les catholiques, telle que la posaient en toutes lettres leurs théologiens voilà peu d'années : *le christianisme d'ici a-t-il un avenir*[7] ?

Ce livre n'est pas une *histoire* du catholicisme québécois. Il se veut avant tout une recherche d'intelligence de ce catholicisme comme fait social. Mais une telle recherche peut-elle déserter l'histoire ? Penser l'avenir n'exige-t-il pas d'interroger nos visions du passé pour donner sens au présent, c'est-à-dire prendre conscience de ses possibilités et de ses limites ?

Bref, quels défis s'imposent aujourd'hui au catholicisme québécois ? Quels lendemains peut-il envisager ?

Notes   1. *Raisons communes*, Montréal, Boréal, 1995, p. 252.

2. Parmi les enquêtes éclairantes sur ces questions, signalons particulièrement celles de l'équipe dirigée par Jacques Grand'Maison dont les résultats ont donné lieu à plusieurs publications. Pour une synthèse, voir sous la direction de Jacques Grand'Maison, Lise Baroni et Jean-Marc Gauthier, *Le défi des générations. Enjeux sociaux et religieux du Québec aujourd'hui*, Montréal, Fides, Cahiers d'études pastorales, 15, 1995, 496 p.

3. Voir, sous la direction de Raymond Lemieux et Micheline Milot, *Les croyances des Québécois. Esquisses pour une approche empirique*, Québec, Cahiers de recherches en sciences de la religion, vol. 11, 1992, 386 p.

4. Fernand Braudel, *La Méditerranée et le monde méditerranéen à l'époque de Philippe II*, Paris, Armand Colin, 1966, vol. 1, « Préface ».

5. *Genèse de la société québécoise*, Montréal, Boréal, 1993, 393 p.

6. Montréal, Fides, 1971, 223 p.

7. De la Société canadienne de théologie, publié sous la direction de Jean-Claude Petit et Jean-Claude Breton, *Le christianisme d'ici a-t-il un avenir ?*, Montréal, Fides, Héritage et projet, 40, 1988, 275 p.

1

Le catholicisme québécois :
une histoire ambiguë

Le plus important, c'est le renouveau de l'histoire politique... Nous savons... que ce n'est pas une histoire des événements politiques ; que ce n'est pas purement une histoire des institutions, mais que c'est une histoire du pouvoir... pas seulement des expressions du pouvoir mais des instruments de son exercice.

Jacques LE GOFF[1]

Regarde avec amour sur les bords du grand fleuve
Un peuple jeune encore qui grandit frémissant
Tu l'as plus d'une fois consolé dans l'épreuve
Ton bras fut sa défense et ton bras est puissant.

Ernest DESJARDINS[2]

Les jugements portés quotidiennement sur l'histoire ne sont pas sans refléter les préoccupations contemporaines. Quand ils ont pour objet le catholicisme québécois, ils consistent généralement à évaluer, en bien ou en mal, la place qu'ont occupée l'Église, ses clercs, ses dogmes et sa morale dans le développement social. Les exemples en sont courants. Le plus banal est sans doute d'admettre, avant toute discussion, que la société canadienne-française – celle qui a précédé la Révolution tranquille : plus tard, on

15

parlera plutôt de *société québécoise* – a été «dominée par l'Église». Cette domination est appelée à expliquer, en sous-entendus sinon formellement, les «retards» que cette société aurait pris, pendant deux siècles, sur les autres sociétés occidentales. Rien de surprenant: une chape de plomb culturelle l'a empêchée de s'ouvrir au monde.

Heureusement, de tels jugements sont rarement ceux des historiens. Ces derniers, par la discipline même qu'ils s'imposent, nuancent leurs appréciations du passé. Par conséquent, leur fréquentation devrait nous inspirer une certaine circonspection, disposition souhaitable pour comprendre également le monde d'aujourd'hui. Les maux et les malheurs que révèle la lecture spontanée de l'histoire, le malaise de l'historien devant tant de certitudes sans critique, ne renverraient-ils pas à un certain mal-être actuel? N'est-ce pas notre identité actuelle, celle de Québécois aux prises avec une ultramodernité laissant chacun quelque peu pantois devant le sens de sa vie, qui dicte en partie notre rapport à l'histoire? Ne cherche-t-on pas trop souvent, dans le passé, à construire l'étiologie mythique des blessures présentes?

Jamais effet du hasard, la vision du passé résulte d'une certaine construction dans laquelle entrent des intérêts, des idéaux, des préoccupations, voire des jeux de pouvoir entre groupes sociaux, qui sont bien actuels et mobilisent l'histoire à leur service. Elle sert des enjeux politiques auxquels les citoyens entendent participer, comme c'est leur droit. Telle est la règle de la démocratie. Elle n'exempte pas pour autant des exigences de l'éthique: clarifier l'histoire, en reprendre constamment la «réévaluation plus équilibrée», tout en sachant que ce travail, toujours à refaire, est condition d'une identité collective en évolution. Prenons donc garde, comme dirait Sol, à la *grande noire sœur*, celle d'aujourd'hui comme celle d'autrefois, toujours susceptible d'aliéner cette souveraineté trop fragile.

Ce n'est pas d'aujourd'hui qu'on porte sur le catholicisme québécois des jugements politiques. Les clercs férus de pouvoir, il n'y a pas si longtemps, ont érigé les

16

origines françaises en épopée mystique[3], oubliant rapidement que l'idéal de pureté bien réel de plusieurs pionniers – les Marie de l'Incarnation, Jeanne Mance, Catherine de Saint-Augustin et autres – s'est heurté à une politique coloniale obstinée allant dans le sens contraire. Peut-on passer sous silence le fait que Mgr de Laval, premier évêque de Québec, ait dû prendre le gouverneur Frontenac à partie sur des questions aussi triviales que le troc d'alcool et d'armes avec les Indiens, en échange des fourrures ainsi extorquées avec trop de facilité.

Les critiques qui dénoncent le cléricalisme d'antan, l'atrophie des consciences subjuguées par un discours religieux qui aurait été sans nuance, ne représentent peut-être qu'un retour de balancier par rapport à une histoire religieuse longtemps complaisante. Cela ne garantit cependant en rien leur justesse. Louis-Joseph Papineau, tribun, leader politique, libéral comme on pouvait l'être au XIXe siècle, défenseur des 92 propositions de 1834, instigateur de la rébellion de 1837, agnostique avoué, était bien connu, lui aussi, pour son anticléricalisme. Il n'en avait pas moins inscrit son fils chez les Jésuites, histoire de lui donner accès à la meilleure éducation possible, ce qui, convenons-en, n'a rien d'exceptionnel chez les bourgeois agnostiques. Mais il professait davantage qu'un tel opportunisme de bon goût.

> Le catholicisme, écrivait-il à son fils, est partie de notre nationalité qu'il faut avouer en toute occasion. L'opposition au catholicisme est moins souvent indépendance de conviction ou de caractère que flagornerie pour un gouvernement protestant, ce qui, pour un Canadien, serait lâcheté[4].

Déjà, le milieu du XIXe siècle nous met en présence d'un cadre général qui va déterminer les rapports entre l'identité canadienne-française et la religion. Le catholicisme est partie intégrante de la collectivité : plus qu'une idéologie, il représente une sorte de *matrice culturelle*[5]. L'identité canadienne-française se constitue, comme prise de conscience de l'unité d'un peuple, en regard d'une altérité : les protestants anglophones, bourgeois ou militaires, les *étrangers* qui dominent l'économie et la vie politique. Face à eux se forge la personnalité type du Canadien français, catholique et paysan. L'Église, dans ce jeu identitaire, apprendra à se penser elle-même comme une référence déterminante, à la fois forcée et heureuse de se compromettre au service du peuple qu'elle encadre.

* * *

L'histoire du catholicisme canadien-français présente la complexité de toute histoire humaine. Pour mieux la comprendre, il faut d'abord en retracer les balises. La Conquête anglaise de 1759 représente une rupture profonde pour les 60 000 habitants des rives du Saint-Laurent : toutes leurs références culturelles et institutionnelles vont changer, ils sont désormais orphelins de leurs élites séculaires et doivent apprendre à vivre sous un *nouveau régime*, dans tous les sens du terme.

L'Église n'échappe pas à la règle commune. Pour presque tout un siècle, elle restera *une Église appauvrie dans une société dominée*, société dont l'identité est en état de siège. Cela ne l'empêchera pas, très vite, de devenir la porte-parole reconnue de cette population et d'y structurer son influence en conséquence. Au milieu du XIX\e siècle, elle deviendra *une Église-cadre dans une société en développement*, statut que la répartition des pouvoirs propre à la Constitution de 1867 entérinera *de facto*. Ce deuxième temps de lecture de l'histoire nous met donc en présence d'une Église consolidant ses institutions, développant son influence et l'efficacité pratique de son action par des œuvres qui la rendent présente partout et lui assurent prestige, pouvoir et richesse. Alors, pour une période relativement courte, trois quarts de siècle tout au plus, pourrons-nous parler d'une institution triomphaliste et sûre d'elle dominant la culture québécoise. S'agit-il pour autant d'une ère d'obscurité impénétrable ? Méfions-nous des jugements à l'emporte-pièce. La modernité s'installe déjà, pendant la deuxième moitié du XIX\e siècle. La montée d'une petite et moyenne bourgeoisie nationale, informée

18

et urbanisée, annonce ce qui deviendra au milieu du XXᵉ siècle un rendez-vous formel avec l'urbanisation, l'industrialisation, le développement des communications. De nouveaux modèles culturels et de nouvelles façons de penser imposeront alors leurs propres valeurs, contestant par le fait même les cadres que le catholicisme et ses institutions fournissaient jusque-là. La rencontre des deux instances, catholicisme et modernité, deviendra un affrontement. C'est le temps d'une *Église remise en question au nom de la modernité*, dans un procès dont les thèmes, balisés par Révolution tranquille, seront exploités à profusion au cours des décennies de la fin du siècle.

Le catholicisme et l'identité canadienne-française en état de siège

La Conquête fut un événement aux significations complexes. Le conflit qui l'a précédée a été long : pour l'Angleterre, la guerre commença en 1739 contre l'Espagne, et en 1744 contre la France. Plus vieilles encore sont les rivalités entre les belligérants. Leur enjeu est rien de moins que l'hégémonie sur le monde ouvert par les « découvertes » des siècles précédents et, pour y parvenir, le contrôle des voies maritimes. L'état de guerre entre les « grandes puissances » d'alors se prolongera d'ailleurs, de façon souterraine sinon ouvertement, pendant bien des années encore. Ses effets seront de plus en plus complexes à mesure que l'Amérique elle-même affirmera sa volonté d'autonomie, puis – dans une histoire qui n'est pas terminée – d'hégémonie. Dans ce contexte, les terres françaises des rives du Saint-Laurent et d'Acadie, *aux confins de l'Empire*⁶, ne représentent qu'un lot périphérique, tant pour les Britanniques que pour les Français.

Sous le Régime français, les cadres de la société canadienne étaient pour l'essentiel dévoués aux intérêts de la mère patrie. Ils implantèrent une société mixte, à la fois commerciale et féodale. Les religieux, cependant, ont poursuivi des intérêts plus complexes. Parfois ambivalents dans leurs rapports à une mère patrie que certains jugeaient sévèrement pour sa politique à courte vue, ils ont cultivé un idéal missionnaire proche de l'esprit de conquête animant l'Europe, tout en s'occupant activement de la population en train de s'installer. À bien des égards, la créativité de leur catholicisme fut exemplaire : nourris des idéaux de la Réforme catholique, ils se sont souvent avérés des bâtisseurs, préoccupés de spiritualité et d'éducation plus qu'il n'était habituel en ces temps, parfois même contestataires des corruptions ne manquant pas d'affliger, comme partout, les cadres coloniaux.

La rupture consécutive à la Conquête   Le 13 septembre 1759, quand les armes parlent sur les hauteurs de Québec, leur discours est ambigu. Que peut gagner l'Angleterre de ce territoire, immense certes, mais que ses anciens maîtres eux-mêmes réduisaient volontiers à *quelques arpents de neige* ? Certes, les nouveaux maîtres y trouvent des avantages géopolitiques. Ils peuvent en espérer de meilleurs rapports avec les Amérindiens et, sans doute, un meilleur contrôle des colonies américaines, politiquement fragiles. Mais à tout compter, ne leur serait-il pas plus profitable d'investir aux Antilles pour y consolider les lucratifs commerces déjà en cours ? Que peuvent-ils attendre d'une population dispersée, composée surtout de paysans et de coureurs de bois, d'une autre langue et d'une autre confession que la leur ?

En conséquence de la Conquête, les cadres coloniaux français disparaissent. Les militaires, les gens d'affaires, les administrateurs, une partie du clergé, tous ceux qui gravitent autour du pouvoir ou qui ont, d'une manière ou d'une autre, les yeux tournés vers la France, retournent là où ils croient voir leurs intérêts. Sont restés, essentiellement, une population *canadienne* composée surtout d'*habitants* et un clergé appauvri, clairsemé, mais néanmoins pourvu d'un évêque à Québec. En 1764, la colonie compte 137 prêtres. L'évêque ne peut espérer recruter en France et certaines congrégations, telles les Jésuites, se voient interdire tout recrutement. Jusqu'au milieu du siècle suivant, l'évolution démographique du clergé sera très lente, loin

20

derrière le mouvement général de la population. En 1790, alors que celle-ci aura doublé, le nombre de prêtres reste à peu près le même qu'en 1760. Les vocations se limitent à quelques unités chaque année[7]. Le nombre de fidèles par prêtre, de 350 à l'époque de la Conquête, passera à 1 834 en 1830[8] et cela, malgré l'apport de 45 prêtres *réfractaires*[9] arrivés entre 1794 et 1802.

Par ailleurs, la nouvelle colonie britannique accueillera bientôt des populations fort différentes des anciennes. Non seulement sont-elles anglaises et protestantes (ce qui, au bout d'un siècle, sera de moins en moins vrai, l'immigration devenant de plus en plus diversifiée), mais encore leur mentalité dénote-t-elle un écart réel par rapport à celle de l'Ancien régime : elle est profondément marquée par le libéralisme. Celui-ci, certes, a peu à voir avec la libre-pensée de la bourgeoisie et de la petite noblesse française nourries des Lumières. Il est, au contraire, souvent assorti de piétisme et de méthodisme[10]. Ses préoccupations sont plutôt d'ordre économique. Son langage est celui du capital : esprit d'entreprise, développement, concurrence, productivité, enrichissement. Petit à petit, ce libéralisme investira aussi le terrain politique, dans la mesure où l'obtention de responsabilités gouvernementales semblera à ses leaders une condition nécessaire à l'épanouissement de leurs entreprises.

Cette rupture culturelle, concomitante à l'installation des nouveaux maîtres, sera loin d'être reçue comme complètement mauvaise par les représentants de l'Église. Certes, en 1764, la Couronne exige le serment du Test de tout fonctionnaire. Celui-ci comporte l'abjuration de la fidélité au pape, de même qu'une déclaration contre la transsubstantiation[11], le culte des saints et de la Vierge. Concrètement, il vise à exclure les catholiques de la fonction publique. Mais la main-d'œuvre étant rare, les premiers gouverneurs, Murray et Carleton, firent appel à des Canadiens sans exiger d'eux le serment. L'obligation en sera d'ailleurs levée, tout juste dix ans plus tard, par l'Acte de Québec de 1774, consacrant le « libre exercice de la religion de l'Église de Rome, sous la suprématie du roi ».

21

En fait, c'est le pragmatisme et non pas le dogmatisme qui préside à la politique de la nouvelle administration coloniale. Ce pragmatisme est dans l'air du temps en Grande-Bretagne. Jeremy Bentham, le père de l'idéologie bourgeoise, en définit déjà le principe, celui de l'*utilité* : « Act according to the greatest happiness of the greatest number.» Pour le gouverneur d'une colonie lointaine, cela peut signifier exercer son discernement pratique, trouver des accommodements, tenir compte des situations concrètes et éviter les risques d'une application trop rigide de la loi. Voilà sans doute ce que Carleton comprend quand il garde par-devant lui les instructions de janvier 1775 ; appliquées rigoureusement, elles auraient grandement limité la liberté d'action de l'Église.

Le *bon vouloir* des autorités britanniques déterminera le climat de ses rapports avec les institutions catholiques. Les instructions signées du roi, adressées à Murray le 7 décembre 1763, réitèrent le principe qu'il ne doit admettre « aucune juridiction ecclésiastique émanant du siège de Rome ni aucune autre juridiction ecclésiastique étrangère dans la province », mais en même temps, elles lui recommandent tout aussi clairement de respecter les clauses du Traité de Paris (10 février 1763) concernant la liberté de religion, de façon à ce que « Nos nouveaux Sujets Catholiques Romains, dans cette Province, puissent professer le Culte de leur Religion selon les Rites de l'Église Romaine en tant que le permettront les lois de la Grande-Bretagne[12] ».

Dans ce contexte ambigu, orpheline de ses élites, la société canadienne pourra trouver dans l'Église une mère putative et dans le Régime britannique un tuteur prudent. Les responsables ecclésiastiques, en tout cas, ne tarderont pas à en conclure qu'ils n'ont pas nécessairement perdu au change. En mai 1775, l'évêque de Québec, Mgr Briand, pourra écrire à un collègue de France que les autorités impériales n'ont aucunement l'intention de nuire à l'exercice de la religion catholique. Évoquant l'état de son diocèse, il insiste même et rassure :

[…] la religion y est parfaitement libre ; j'y exerce mon ministere sans contrainte, Le gouverneur m'aime et m'estime ; les anglois m'honorent. J'ai rejetté un serment que l'on avoit proposé et le parlement de la grande Bretagne l'a changé et établit tel que tout catholique peut le prendre : dans le bill qui authorise la religion, on a pourtant mis le mot de suprémacie ; mais nous ne jurons pas sur le bill : j'en ai parlé à son Excellence notre gouverneur qui m'a repondu : qu'avez-vous à faire au bill ? le roi n'usera point de ce pouvoir et il consent bien et il pretend même que le pape soit votre superieur dans la foi mais le bill n'auroit pas passé sans ce mot. on n'a point dessein de gesner votre religion. […]

La piété regne parmi le peuple plus que du tems des françois, les grands sont aussi plus réligieux, on m'a pourtant fait de mauvaises difficultés dont je viens a bout peu à peu par la patience.

La bulle du pape qui abolit les Jésuites m'a embarassé parce que je manque de prêtres. Je la leur ai signifiée ou plutot leuë et leur ai dit en même tems de rester dans leur maison, de porter leur habit et de servir l'Église comme à l'ordinaire et de garder le secret. tout ceci est de concert avec le gouverneur. personne dans le Canada ne scait le secret. Je l'ai ecrit au souverain pontif ; sa mort me sera peut etre favorable son successeur ne me blamera peut-etre pas. au reste je n'ai pas cru que le tems fut propre à executer cette bulle : Les conquerants demendent le bien de ces religieux je veux le conserver à l'Église et notre aimable gouverneur me soutient en cela. Les conjonctures ne seroient pas favorables pour cette operation. au reste encore je me suis declaré Leur Supérieur et je les ai continué par moi même dans leurs différentes charges voilà tout ce que j'ai cru devoir et pouvoir seulement faire pour obeir à cette bulle…[13].

Comme quoi le pragmatisme s'apprend vite...

Nous avons là l'archéologie de ce qui deviendra le cadre de développement du catholicisme québécois. Certes, le gouvernement britannique ne cessera pas si tôt d'affirmer sa volonté d'assimilation de ce peuple pauvre, mal organisé et coupé de ses racines culturelles. Quatre-vingts ans après la Conquête, aux lendemains des révoltes de 1837-1838, le rapport de lord Durham rappellera encore une fois cette volonté, au nom même du libéralisme éclairé et d'«une égale justice pour tous». Mais malgré cela, le clergé catholique pourra devenir le porte-parole reconnu de ce peuple et, somme toute, bénéficiera des conditions qui lui sont faites. Comment expliquer un tel paradoxe? Comment comprendre qu'un pouvoir officiellement antipapiste s'allie à un catholicisme romain qui va devenir lui-même de plus en plus ultramontain, faisant de l'autorité pontificale le principe ultime de sa légitimité?

Des préoccupations pastorales   Cela ne veut pas dire que ce catholicisme, du jour au lendemain, va s'imposer comme norme morale et sociale. Mgr Briand pouvait bien se réjouir, en 1774, que «la piété regne parmi le peuple plus que du tems des françois». Il n'en reste pas moins que vingt ans plus tard, en 1794, Mgr Hubert déplore, dans son rapport à Rome, que «la corruption des mœurs a fait depuis trente ans de terribles ravages dans les villes, surtout dans celles de Québec et Montréal», et Mgr Plessis, l'évêque promoteur du *Petit Catéchisme du diocèse de Québec*, en 1815, à son tour se désolera: «Les fidèles les plus zélés sont dans les basses classes du peuple. La haute classe des catholiques, conseillers, juges, avocats, marchands de quelque crédit, n'est point en général amie du clergé.» Voilà des lectures – cléricales – de la religiosité de l'époque loin des accents triomphants. Déjà y pointe, notons-le, la sensibilité à des discriminants sociaux: la ville, les classes sociales. Serait-on déjà en présence d'une conscience paradoxalement moderne?

Le pragmatisme politique donne ici sinon une explication, du moins une piste à explorer: l'*alliance objective* du gouvernement de l'Église et du gouvernement de la Colonie – devenant bientôt celui d'un Dominion du Commonwealth britannique – implique qu'ils partagent un *intérêt* commun. Quel est cet intérêt? Il est simple, quoique son caractère impératif soit majeur: tous deux ont besoin de la *paix sociale* pour réussir leur mission. Cette alliance

24

déborde-t-elle les compromis diplomatiques nécessaires à la cohabitation ? Légèrement parfois, mais alors on revient vite en arrière. En ville, les populations catholiques et protestantes cohabitent, se côtoient dans leurs activités quotidiennes, se mélangent parfois. Au tournant du XIXᵉ siècle, les mariages interconfessionnels ne sont pas si rares. Les vieilles familles canadiennes accueillent les jeunes coloniaux – militaires, marchands, industriels – qui ne demandent pas mieux que d'y être acceptés. Les Ursulines elles-mêmes, comme les Messieurs du Séminaire de Québec, reçoivent des élèves provenant des familles protestantes, les exemptant simplement des « exercices religieux ». Bien des jeunes Canadiens fréquentent des classes anglo-protestantes, ne serait-ce que pour mieux en pratiquer la langue. Les institutions des deux cultures ne sont pas imperméables. Si bien que certains membres du clergé catholique s'inquiéteront bientôt du danger de protestantisation. Dans les années 1820, ils prôneront des attitudes négatives, choisissant par exemple de ralentir le développement scolaire en s'opposant aux écoles de l'Institution royale.

L'enjeu du pragmatisme, pour le gouvernement colonial, n'est pas de l'ordre de la complaisance. Il doit s'assurer de la maîtrise interne de la colonie. Pour cela, il lui faut exorciser deux démons : celui des résurgences nostalgiques à l'égard de la France et celui des séductions émancipatrices dont le modèle est américain. Si, à la suite de maladresses administratives, la population se mettait à trop regarder vers la France ou vers ses voisins du sud, le risque de guerre civile pourrait devenir sérieux. Le climat fin de siècle en Europe est celui de la Révolution. Au XIXᵉ, il sera, en plus, perturbé par les conquêtes napoléoniennes. L'Angleterre en a aussi plein les bras de l'agitation de ses autres colonies américaines. Elle sait bien que toute forme d'alliance entre les peuples pourrait créer une situation explosive sur les rives du Saint-Laurent. Seule une véritable paix sociale peut assurer le développement économique capable de rendre la colonie assez forte pour faire face à de tels démons.

La paix sociale, un enjeu majeur

25

Qui peut garantir cette paix sociale ? L'Église catholique, certes, dans la mesure où elle encadre pacifiquement la population. Cette paix est pour elle non seulement garantie de son développement, mais une question de survie. La Conquête l'a laissée exsangue. Elle manque de ressources matérielles, son infrastructure est composée d'une population très majoritairement rurale, dispersée, pratiquant une économie de subsistance parfois dans des conditions de grande précarité (trappeurs, bûcherons, pêcheurs). Pauvre en ressources intellectuelles, son clergé est médiocrement formé, la plupart des prêtres canadiens n'ayant, en fait d'apprentissage pastoral, que ce qu'ils reçoivent de leur curé alors qu'ils servent comme vicaires. Il reste souvent difficile à contrôler à cause de sa dispersion sur le territoire.

L'Église canadienne est-elle pour cela obscurantiste ? Ne serait-elle pas plutôt et plus simplement opportuniste dans ses visées politiques ? De fait, pendant le siècle qui suit la Conquête, elle apprend à défendre ses intérêts, assimilant de plus en plus ces derniers à ceux du peuple. Trois fronts se dessinent déjà pour cette guerre : celui de la ville, celui de la bourgeoisie, celui de l'identité culturelle.

L'alliance objective formée par les institutions d'Église et celles du conquérant, chacun à la poursuite de ses intérêts propres, fonctionne même quand leurs commettants et leurs mandants, sachant bien que la coexistence est forcée, se redoutent et parfois, faut-il le dire, se méprisent. L'Église en deviendra ainsi, au Canada français, porte-drapeau d'une collectivité à laquelle elle fournira sinon une identité proprement dite (celle-ci comprenant bien d'autres facteurs, tels la langue et la ruralité), du moins une part majeure des mots pour la dire.

L'affirmation d'une identité consiste à « définir un emplacement singulier par l'extériorité de son voisinage[14] ». Dans le long processus identitaire qui s'amorce à la fin du XVIIIe siècle, le rôle de l'Église deviendra ainsi incontournable pour les anciennes populations françaises éparpillées le long du Saint-Laurent. Le discours catholique, dans ce contexte, ne peut être réduit ni à l'obscurantisme ou à la volonté de pouvoir d'un clergé tout-puissant, ni à l'étroitesse dogmatique ou à la naïveté d'une religiosité restée prémoderne. Il se présente comme un écheveau dont il faut tenter de dénouer la trame.

Une Église cadre dans une société en développement

Dans son célèbre rapport de 1839, lord Durham souhaite « pour leur plus grand bien » l'assimilation des Canadiens français[15]. Deux types d'arguments émaillent son discours. Le premier renvoie au mauvais état des institutions coloniales : il faudra y remédier par des réformes administratives. Le second est d'un ordre plus complexe :

> Je m'attendais, écrit-il, à trouver un conflit entre un gouvernement et un peuple ; je trouvai deux nations en guerre au sein d'un même État ; je trouvai une lutte, non de principes, mais de races. Je m'en aperçus ; il serait vain de vouloir améliorer les lois et les institutions avant que d'avoir réussi à exterminer la haine mortelle qui maintenant divise les habitants du Bas-Canada en deux groupes hostiles : Français et Anglais...

On a tout dit de Durham, contre Durham. Son jugement pourtant est celui d'un esprit éclairé du XIXe siècle, un « libéral » au sens noble du terme. Il est d'une remarquable *modernité*, à la fois charge contre « la négligence continuelle du Gouvernement britannique [...], cause que la masse du peuple ne put jamais jouir des bienfaits d'institutions qui l'eussent élevée à la liberté et à la civilisation », et lecture de situation sous l'angle de *rapports de force*, entre deux *races*, écrit-il dans un vocabulaire qui nous paraîtrait aujourd'hui politiquement incorrect. Le peuple canadien-français, analyse-t-il,

> fut placé à [...] la fois dans une vie de travail constant et uniforme, dans une très grande aisance et dans la dépendance seigneuriale. L'autorité ecclésiastique à laquelle il s'était habitué continua d'exercer sur lui son influence... On ne prit aucune mesure en faveur de l'instruction parce

27

que sa nécessité n'était pas appréciée ; le colon[16] ne fit aucun effort pour réparer cette négligence du Gouvernement.

Voilà un diagnostic mesuré. L'antagonisme culturel, dans les décennies qui suivent, se jouera cependant de plus en plus dans le cadre des institutions politiques, éloignant d'autant la tentation des maquis et des rébellions armées. Si les mots sont des armes, ils permettent parfois d'en éviter de plus brutales. Par ailleurs, l'indigence des institutions catholiques ne durera qu'un temps. Dès le milieu du siècle, une conjoncture différente de celle de l'après-Conquête commencera à se dessiner pour elles.

Tout d'abord, à partir de 1840, date de sa reconnaissance par le gouvernement colonial, l'Église connaîtra un développement qui en fera, de fait, la principale institution du pays. Ce développement repose sur deux facteurs, l'un interne, l'autre externe, dont il faut immédiatement signaler la portée.

Le renouveau catholique du XIXᵉ siècle

Le renouveau catholique du milieu du siècle est celui d'une Église qui se nourrit de forces nouvelles, largement importées d'Europe. Entre 1830 et 1850, le nombre de prêtres dans la Vallée du Saint-Laurent passera ainsi de 225 à 620 ou, si l'on préfère, du taux de 1 prêtre pour 1 834 fidèles à 1 pour 1 080 fidèles, ce qui est déjà fort appréciable. Mieux encore, les deux décennies suivantes verront ce taux progresser à 1 prêtre pour 658 fidèles, niveau qui continuera ensuite de s'améliorer lentement jusqu'en 1960, alors que les membres du clergé comprendront 8 400 personnes, soit 1 prêtre pour 509 fidèles[17]. Selon un dynamisme analogue, de nombreuses communautés religieuses, surtout féminines, de fondation française ou canadienne, sèmeront leurs œuvres dans une terre vierge, libre de violence politique et administrative (ce qui n'était pas le cas pour les immigrées dans leur pays d'origine) et particulièrement accueillante dans la mesure même où aucune autre structure, notamment étatique, ne vient en concurrencer les initiatives.

28

Les résultats seront vite tangibles. À travers les congrégations religieuses de femmes, l'Église sera bientôt responsable d'un véritable système d'éducation et d'un réseau non moins imposant d'institutions caritatives. L'encadrement spirituel et moral du peuple, à travers l'institution paroissiale, trouvera en même temps une efficacité nouvelle. L'évolution de la pratique religieuse dans l'Ouest et le Centre du Québec en est un indicateur évident[18] : les fidèles pratiquent plus régulièrement, font leurs pâques, se confessent et communient désormais plus assidûment. L'enseignement élémentaire sera petit à petit assuré jusque dans les écoles de rang, sinon directement par les religieuses, du moins par les institutrices formées dans leurs écoles normales. Tout village le moindrement important se glorifiera de son couvent, à tel point qu'au début du XXᵉ siècle, on trouvera une population féminine rurale généralement plus scolarisée, toute proportion gardée, que son répondant masculin. Les travaux de la ferme, la mobilité saisonnière et surtout, sans doute, les modèles courants de socialisation font que les garçons restent moins longtemps sur les bancs d'école, tentant de faire leur vie avec «une bonne troisième année»! Quoi qu'il en soit, il faut ici noter que peu de sociétés paysannes, selon l'état du monde au début du XXᵉ siècle, pouvaient s'enorgueillir d'un système d'éducation élémentaire comme celui des *habitants* du Québec, malgré leur habitat dispersé. C'est au secondaire, pour les populations urbaines – on le verra plus loin – que le manque devient alors cruel. Certes, on peut gloser, en appliquant à ce système des critères idéaux contemporains, sur le caractère archaïque de la pédagogie, sur le fait d'apprendre à compter et à lire en additionnant des *Ave* ou en déchiffrant des histoires pieuses. Mais ne faudrait-il pas critiquer tout autant la mainmise d'intérêts de marché, de plus en plus visible, sur les outils pédagogiques contemporains ? Y a-t-il une différence structurelle entre compter des *Ave* et compter des *Big Macs* ?

Et peut-on tenir un discours différent en ce qui concerne les institutions de santé, toutes entre les mains des communautés religieuses ? De ce point de vue, il est assez évident qu'une société comme la société québécoise d'avant la Révolution tranquille n'aurait jamais pu se payer de telles institutions si elles n'avaient été prises en charge et animées par de petites armées d'intervenantes non payées, vivant par choix personnel dans la pauvreté. Certes la *caritas* qui s'exerce alors a peu à voir avec les critères techniques de la gestion contemporaine de la maladie et des problèmes sociaux. On peut penser qu'elle est restée trop longtemps à un niveau d'efficacité qu'on dénoncerait aujourd'hui, ou qu'elle a laissé perdurer une vision naïve de la société. Elle a certainement donné lieu aussi, en certains cas, à des abus de pouvoir et à des perversions. Les religieux restent des humains, même si l'idéal voudrait bien qu'il en soit autrement.

Trois principaux domaines d'influence   De toute évidence, l'influence de l'Église au Canada français est en très grande partie l'effet naturel de cette capacité d'action dans ces trois domaines : la vie religieuse proprement dite, l'éducation et la charité (représentant l'archéologie de ce qu'on appelle aujourd'hui, en contexte sécularisé, les « affaires sociales », avec leurs institutions de soins, de garde, de prévention et d'accueil). Le clergé et les communautés religieuses devinrent par là les mandataires du peuple pour pratiquement un siècle, exerçant ce que leurs cadres appelaient volontiers des fonctions de suppléance (étant donné la faiblesse des interventions étatiques), mais y gagnant prestige et pouvoir incontestables. Dès la deuxième moitié du XIXe siècle, les institutions d'Église vont ainsi acquérir une vigueur sans commune mesure avec leur situation antérieure et avec ce qu'elles deviendront plus tard, vigueur qui va pousser certains de leurs cadres, pendant un temps, à exalter leur rôle dans un discours proprement triomphaliste.

Des pouvoirs partagés   Mais un autre facteur, externe celui-là, de nature proprement politique, doit aussi être pointé. L'Acte de l'Amérique du Nord britannique, en 1867, instaure un régime constitutionnel original proposant un partage des pouvoirs non pas strictement en fonction de niveaux de compétence mais selon des champs spécifiques distribués entre le gouvernement fédéral et ceux des provinces. Au fédéral, à toutes fins utiles, revient ainsi le contrôle de la défense et de la sécurité, des affaires « extérieures » (et non pas « étrangères » puisqu'elles incluent les relations avec la Grande-Bretagne), de l'économie, de l'industrie, du commerce, des transports, bref de tout ce qui compte effectivement, à l'époque, pour assurer la stabilité et le développement du pays et de tout ce qui peut permettre à une bourgeoisie libérale, d'implantation toute récente ou encore à venir, d'y prospérer. Aux gouvernements provinciaux sont laissées des responsabilités dont l'importance est beaucoup moins évidente, sinon en ce qu'elles garantissent, localement, la paix civile : l'éducation, la gestion des ressources naturelles, la colonisation, la santé et autres affaires sociales, la culture. Ces champs prendront toute leur importance beaucoup plus tard, quand l'urbanisation aura créé de nouvelles conditions de vie. Les gouvernements provinciaux, notamment celui du Québec à cause des différences culturelles dont il peut s'autoriser, trouveront alors une stature inédite : l'éducation et les affaires sociales drainant l'essentiel des ressources. Entre-temps, l'Église pourra librement développer un encadrement de *suppléance*, fût-ce au corps défendant de certains leaders ou penseurs à l'esprit plus laïc. De là la gestation d'un quasi-pays catholique, cette fameuse *priest ridden Province* dont les autres, sans bien comprendre ce qui s'y passe, feront volontiers des gorges chaudes.

Dans ce contexte, les regards jetés sur le catholicisme d'antan peuvent difficilement éviter de s'accrocher à trois aspérités du paysage : l'Église est présente partout, son emprise sur le peuple est totale, elle forme un bloc idéologique monolithique, intolérant et fanatique.

Son omniprésence, à partir de la deuxième moitié du XIXe siècle, est un fait incontestable. À travers elle, une culture autre que la culture proprement utilitaire du métier et des tâches quotidiennes, une culture plus savante, viendra au peuple. À travers ses bibliothèques, les *cabinets de*

Une religion d'encadrement culturel

31

lecture paroissiaux, on s'initiera à une certaine littérature. Dans ses chœurs paroissiaux, lors des *séances* montées dans ses institutions, on pratiquera la musique et l'art oratoire. Pour un musicien, dans la première moitié du XXe siècle encore, les seuls débouchés professionnels permettant de gagner sa vie ne sont-ils pas offerts encore soit par l'armée, soit par l'Église[19]? Il est dès lors facile de comprendre que les institutions chrétiennes s'érigent, de plus en plus, en garde-fous de l'authenticité morale et culturelle. Elles défendent leur territoire et ce qu'elles conçoivent comme une mission religieuse : éduquer sainement le peuple.

Des
contradictionsDès le XIXe siècle, les conflits ne manqueront d'ailleurs pas. L'évolution culturelle du peuple canadien-français présente déjà un nœud de contradictions. Face au monde communautaire rural, catholique et francophone, les modèles diffusés par la ville commerciale et bourgeoise balisent, par leur pluralisme de fait, autant de terrains d'affrontements idéologiques entre des mondes vécus comme antagonistes, non seulement ceux du *Canayen* et de l'*étranger*, du nationaliste et du colonisateur, du catholique et du protestant, mais ceux du rural et de l'urbain, du cultivateur et de l'entrepreneur. Derrière ces figures, se profilent les modèles de la tradition et du progrès. La dynamique identitaire des Canadiens français, prise en charge par le clergé catholique, se déploie beaucoup plus facilement en fonction des dangers qu'elle affronte, soit la protestantisation, l'anglicisation et la dissolution dans l'urbanité, que par les projets de société qu'elle pourrait porter. Quand l'urbanisation et l'industrialisation deviendront incontournables, lieux obligés du *progrès* économique et social, elles seront conçues comme les principaux dangers à affronter. L'identité culturelle se formulera non plus dans ses buts à atteindre mais dans ses précipices à éviter.

Aux cabinets de lecture paroissiaux s'opposent, dans les élites urbaines, une culture qui voudrait bien s'abreuver à d'autres sources, ne serait-ce que pour échapper à l'influence cléricale. L'Institut canadien (le mouvement radical, les « rouges ») représentera pour un temps, cette tendance, dans le monde intellectuel du XIXᵉ siècle. Si, à un niveau plus léger, les jeunes bourgeoises pratiquent leurs gammes sous la houlette des religieuses, elles n'en sont pas moins sollicitées par la chansonnette profane, les soirées de danse, bref toute une culture de salon, où de toute façon leur milieu s'attend à les voir briller, situation qui a peu à voir avec les pieux loisirs rêvés pour elles. Et les classes populaires elles-mêmes, à mesure qu'elles sortent des campagnes – ce qu'elles feront de plus en plus massivement – sont sollicitées par d'autres modèles, d'autres loisirs et d'autres représentations du succès, sinon du salut, que ceux offerts par le curé de paroisse.

Si la présence généralisée des institutions d'Église dans la société canadienne-française s'avère incontestable, l'efficacité de son encadrement relève largement du mythe, à cause de la mobilité et de l'isolement des populations rurales d'une part, de la confrontation du peuple des villes avec des modèles culturels étrangers d'autre part. En témoignent précisément les constantes campagnes entreprises par l'Église elle-même pour assurer et affirmer cet encadrement qui lui échappe : notamment, dès le XIXᵉ siècle, les fameuses campagnes de prédication de la tempérance. S'il faut prêcher la tempérance avec tant de vigueur – Chiniquy, prêtre de la région de Québec qui deviendra bientôt apostat, représente le prototype du prédicateur, ancêtre du *preacher* contemporain –, c'est qu'il existe pour le moins un problème de consommation d'alcool. En 1836, rapporte Nive Voisine, Québec compte 213 auberges et débits de boisson, Montréal 344 auberges, 69 épiceries licenciées et 500 débits clandestins[20]. L'ivrognerie – mal des classes populaires masculines dont le petit catéchisme dira qu'elle « rend l'homme semblable à la bête et souvent le fait mourir » – est un problème social courant de toutes les sociétés anomiques, quand des couches de la population ne peuvent accéder aux moyens (techniques, financiers, culturels) qui leur permettraient de réaliser les aspirations auxquelles pourtant on les appelle[21]. La fuite dans les espaces de l'oubli, la *narcoculture*, hier comme aujourd'hui, représente alors une compensation face à l'impossibilité de maîtriser le sens de sa vie.

On a tout dit de l'empire de l'Église sur les consciences de nos ancêtres, notamment à propos de leurs comportements sexuels et du contrôle de « la famille ». Encore là, bien des jugements contemporains sont anachroniques – et parfois odieux – dès lors qu'ils appliquent aux conditions d'autrefois des critères d'aujourd'hui dont ils ne mettent pas en doute le caractère absolu. La désolation des moralistes d'hier – toujours des clercs – face à des comportements sexuels qui échappaient aux impératifs de l'ordre social et, littéralement, faisaient scandale, dénote-t-elle une mainmise de leur part ou, plus simplement, le caractère organique de leur discours, à la défense d'un équilibre qui leur paraissait toujours fragile ? Dans les groupes à forte densité communautaire, relativement isolés, où tous se connaissent, où l'interdépendance des familles est souvent condition première d'une prospérité précaire, tout comportement déviant remet en cause l'ordre social lui-même. Le clergé mis en position-cadre défend cet ordre. Avoir de nombreux enfants, dans un contexte où le groupe familial est l'unité productrice des biens à consommer, n'est pas reçu comme une contrainte mais comme une richesse garantissant la prospérité à venir, un gage de développement[22]. C'est dans les villes industrielles, où le travail est fractionné, que les enfants deviennent des « personnes à charge ». Le curé qui prêche « la famille » ne diffuse qu'une morale de sens commun. Celle-ci suppose, pour la conservation de l'équilibre social, que l'individu soit au service de la communauté et non l'inverse.

L'interpénétration
du religieux
et du social

Il faudrait évoquer ici les périodes de fête et de jeûne, l'ordonnancement des travaux et des jours, la gestion de l'épargne, le discours économique. L'osmose du religieux et du social y est partout manifeste et n'a pas nécessairement que des effets de contrainte, mais peut aussi nourrir un équilibre humain. Sait-on bien, par exemple, que les fêtes chômées ordonnées par l'Église ont fourni des temps de repos, dans les sociétés traditionnelles d'ici comme

34

d'ailleurs, beaucoup plus importants que ce que les gouvernements soumis à la logique des marchés peuvent actuellement préserver, non sans difficulté, pour les travailleurs[23]? Saisit-on jusqu'à quel point les carêmes et les avents, de même que « le temps des fêtes », s'accordaient aux cycles naturels de la production et de la conservation des viandes? Et comment la naissance des caisses populaires dans les sous-sols d'église a présenté, dans un XXe siècle déjà bien en prise sur la modernité, un remarquable effort pour atténuer, grâce à la solidarité, les effets sociaux de l'industrialisation dans les couches populaires urbaines? Il faudrait aussi présenter ces curés bâtisseurs, au statut quasi mythique depuis que le curé Labelle – sous-ministre de la colonisation – est devenu vedette de radio-roman. Un parmi d'autres, bien sûr. De pareilles figures dominent aussi d'autres paysages. Saint-Romuald d'Etchemin, en face de Sillery, en est un autre exemple. Paroisse installée en milieu rural[24], isolée par la nature (on appelait alors son territoire « l'entre-deux rivières »), elle est partiellement ouvrière et comporte une population mixte (irlandaise et « canadienne ») assez « mouvante » qui vit du bois amené de l'arrière-pays et chargé sur les navires abordant chez elle. Son premier curé, Pierre Sax (1854-1878), y fait office de pasteur, mais aussi d'écrivain public, d'intermédiaire en affaires, d'officier de police et de procureur de Sa Majesté la Reine, sans compter son talent pour l'horticulture qui l'engage à aménager une serre florissante, produisant entre autres « une belle variété de raisins[25] ». N'avons-nous pas nous-mêmes connu de tels personnages, en version plus moderne, ne boudant ni la technologie ni les combats sociaux, dans l'Abitibi et dans l'arrière-pays gaspésien des Opérations Dignité?

Certes, tout cela a contribué à donner à l'Église catholique un rôle historique incontournable, de la même façon qu'ailleurs au Canada d'autres confessions ont pu tenir une position comparable[26]. Cette force est paradoxale. D'une part, son emprise sur les cadres sociaux a conduit ses détenteurs à un discours conservateur, ultramontain et bientôt triomphaliste. D'autre part, les consciences,

35

fondues dans un *catholicisme de masse,* sont bien souvent restées sous-alimentées, vivant une religion de conformité bien plus qu'un christianisme de conviction.

Une Église ultramontaine

Marqué par une fidélité romaine sans défaillance, le caractère ultramontain du discours catholique traditionnel tient pour l'essentiel à la position politique de l'Église dans l'après-Conquête, quand elle est mise en demeure de déclarer ses allégeances, entre les influences françaises, les influences américaines – toutes deux représentant le danger de la révolution – et le pouvoir britannique visant l'assimilation et la soumission des institutions religieuses à l'État. À un premier niveau, cet ultramontanisme se manifeste par l'attachement à la personne du pape qui devient une référence théologique et politique dominante. Il se développera de façon non équivoque au milieu du XIXᵉ siècle, sous l'impulsion de Mᵍʳ Bourget. En font foi l'équipée des zouaves sur les collines romaines pour défendre les États pontificaux menacés par Garibaldi, l'imposition du rituel romain par le premier Concile de Québec en 1864, à la place du rituel de Mᵍʳ de Saint-Vallier, et la véritable dévotion du clergé et des fidèles à l'égard de Pie IX. Par la suite, les plus brillants sujets du clergé iront étudier à Rome, notamment au Collège canadien ouvert en 1888 et dirigé par les sulpiciens[27].

À un deuxième niveau, l'ultramontanisme est l'affirmation du principe d'universalité dont se réclame l'institution catholique. Il représente alors une véritable idéologie capable d'encadrer la foi, les mœurs et l'imaginaire, tant de la population que du clergé, pour devenir un vecteur d'identité culturelle et une arme politique. Le caractère romain du premier catéchisme véritablement *canadien,* celui de Mᵍʳ Plessis en 1815, déjà, marque la volonté d'affirmer *à la ronde* une spécificité culturelle, affirmant l'universalisme catholique face aux particularismes protestants auxquels il renvoie d'emblée les Anglais. Quand, un peu plus tard, un Louis-Joseph Papineau prêchera le « droit des peuples à disposer d'eux-mêmes », le discours ultramontain lui opposera le respect de l'autorité, les vertus d'obéissance et de modération. Cette mentalité inspirera les mandements de Mgr Lartigue, le premier évêque de Montréal, en octobre 1837 (voir encadré) et en janvier 1838. Elle cimentera l'alliance du clergé avec le parti de Lafontaine–Baldwin, en 1840. Le caractère *romain* du catholicisme d'ici représente une paradoxale garantie pour le gouvernement colonial contre les tentations de retour à la France ou de support aux Américains. Il deviendra le rempart d'un ordre politique et social.

Extrait du mandement de Mgr Lartigue, octobre 1837. Tiré des *Mandements des évêques de Montréal*, vol. 1, p. 14-21.

Ne vous laissez donc pas séduire, si quelqu'un voulait vous engager à la rébellion contre le Gouvernement établi, sous prétexte que vous faites partie du *Peuple Souverain*: la trop fameuse convention nationale de France, quoique forcée d'admettre la souveraineté du Peuple puisqu'elle lui devait son existence, eut bien soin de condamner elle-même les insurrections populaires, en insérant dans la *Déclaration des droits* en tête de la Constitution de 1795, que la souveraineté réside, non dans une partie, ni même dans la *majorité* du Peuple, mais dans l'*universalité* des Citoyens; ajoutant que *nul individu, nulle réunion partielle des Citoyens ne peut s'attribuer la Souveraineté.* Or qui oserait dire que, dans ce pays, la *totalité* des Citoyens veut la destruction de son Gouvernement?[28]

Cet ultramontanisme deviendra *clérico-conservateur* quand le clergé[29], désormais force sociale, se fera défenseur obstiné des traditions rurales à l'encontre d'une modernité jugée délétère, dans l'affrontement des deux modèles culturels. Il deviendra enfin *triomphaliste* quand il pourra avec ostentation faire état de ses succès et de sa position institutionnelle à toutes fins utiles monopolistique.

Un catholicisme triomphaliste

Une des plus célèbres manifestations de ce triomphalisme clérico-conservateur est sans contredit le discours de Henri Bourassa, un laïc, lors du XXIe Congrès eucharistique international tenu à Montréal en 1910. Rappelons-en le contexte. Il s'agit d'une célébration religieuse parmi les plus éminentes du catholicisme mondial, nœud du renouveau de la piété et de la spiritualité. Il représente aussi pour le Canada français une *première* occasion de reconnaissance internationale. Les personnalités réunies pour ce congrès sont certes pour la plupart des catholiques, mais dans les manifestations publiques, comme en fait foi le protocole de la procession inaugurale, on voit des représentants de toutes sortes d'instances : membres du corps diplomatique, délégués (catholiques ou protestants) des différents niveaux de gouvernement, dignitaires ecclésiastiques, associés de groupes civils et religieux (de l'Association cycliste de Saint-Boniface à l'Ordre des notaires), bref tout ce qui peut afficher quelque valeur symbolique dans l'organisation sociale. Le cardinal Bourne, archevêque de Westminster, représente le pape à cette manifestation. Quand il prend la parole dans la cathédrale, volonté délibérée ou naïveté de l'étranger qui connaît mal le milieu auquel il s'adresse, il dit sa conviction de l'importance de la langue anglaise pour le développement de l'Église catholique en Amérique du Nord et, en particulier, pour les immigrants.

Il provoque ainsi, on s'en doute, une émotion certaine dans l'assistance. La réplique de Bourassa restera célèbre. Dans une envolée en partie improvisée, où la beauté de la langue s'allie à la fermeté de l'expression (voir encadré), il affirme de façon extrêmement claire ce que sera le discours catholique prépondérant. L'Église s'y présente *triomphante* : elle est en mesure de soutenir pleinement sa fonction « maternelle » ; elle est *cléricale* : affirmant l'importance de ses « institutions », son rôle d'encadrement du peuple « pour le triomphe du Christ et de la papauté » ; elle est *conservatrice* : malgré la valorisation de son aventure apostolique jusqu'aux confins de l'Amérique, et précisément pour cela, elle entend « garder la foi », « conserver la

38

langue » et, surtout, affermir le lien qui soude ces deux réalités. Pour cela, elle compte sur son seul dynamisme. Elle se montre étrangère aux conjonctures politico-sociales qui prévalent « à l'ombre du drapeau britannique », voire « du glorieux étendard étoilé ».

Henri Bourassa au XXIᵉ Congrès eucharistique international, 10 septembre 1910. Extraits du texte redonné par *Le Devoir*, le 11 février 1950.

Soyez sans crainte, vénérable évêque de Westminster : sur cette terre canadienne, et particulièrement sur cette terre française de Québec, nos pasteurs, comme ils l'ont toujours fait, prodigueront aux fils exilés de votre noble patrie, comme à ceux de l'héroïque Irlande, tous les secours de la religion dans la langue de leurs pères, soyez-en certain.

Mais en même temps, permettez-moi – permettez-moi, Éminence – de revendiquer le même droit pour mes compatriotes, pour ceux qui parlent ma langue, non seulement dans cette province, mais partout où il y a des groupes français qui vivent à l'ombre du drapeau britannique, du glorieux étendard étoilé, et surtout sous l'aile maternelle de l'Église catholique, de l'Église du Christ, qui est mort pour tous les hommes et qui n'a imposé à personne l'obligation de renier sa race, pour lui demeurer fidèle.

Je ne veux pas, par un nationalisme étroit, dire ce qui serait le contraire de ma pensée – et ne dites pas, mes compatriotes – que l'Église catholique doit être française au Canada. Non ; mais dites avec moi que, chez trois millions de catholiques, descendants des premiers apôtres de la chrétienté en Amérique, la meilleure sauvegarde de la foi, c'est la conservation de l'idiome dans lequel, pendant trois cents ans, ils ont adoré le Christ.[...]

Éminence, vous avez visité nos communautés religieuses, vous êtes allé chercher dans les couvents, dans les hôpitaux et dans les collèges de Montréal la preuve de la foi et des œuvres du peuple canadien-français. Il vous faudrait rester deux ans en Amérique, franchir cinq mille kilomètres de pays depuis le Cap Breton jusqu'à la Colombie-Anglaise, et visiter la moitié de la glorieuse république américaine – partout où la foi doit s'annoncer, partout où la charité catholique peut s'exercer – pour retracer les fondations de toutes sortes – collèges, couvents, hôpitaux, asiles – filles de ces institutions-mères que vous avez visitées ici. Faut-il en conclure que les Canadiens français ont été plus zélés, plus apostoliques que les autres ? Non, mais la Providence a voulu qu'ils soient les apôtres de l'Amérique du Nord.

Que l'on se garde, oui, que l'on se garde avec soin d'éteindre ce foyer intense de lumière qui éclaire tout un continent depuis trois siècles ; que l'on se garde de tarir cette source de charité qui va partout consoler les pauvres, soigner les malades, soulager les infirmes, recueillir les malheureux et faire aimer l'Église de Dieu, le pape et les évêques de toutes langues et de toutes races.[...]

Que dans le Christ et dans l'amour commun de l'Eucharistie, toutes les races du Canada, ayant appris à respecter le domaine particulier de chacune, à conserver à chacune les forces d'expansion nationales qui lui sont propres, sachent enfin s'unir étroitement pour la gloire de l'Église universelle, pour le triomphe du Christ et de la papauté ; et, ajouterai-je en terminant, pour la sécurité de l'Empire britannique, car c'est dans l'unité de foi des catholiques canadiens, des Canadiens français surtout, que l'Empire britannique trouvera, dans l'avenir comme dans le passé, la garantie la plus certaine de sa puissance au Canada.

Une Église mise en question par la société moderne

La modernité québécoise n'apparaît pas subitement en 1960. Comme dans la plupart des sociétés occidentales, elle est plutôt l'aboutissement d'un long processus marqué d'hésitations et de risques, d'oppositions et d'adaptations, de dépits et d'enthousiasmes. Le catholicisme a généralement été partie prenante des uns comme des autres, même si, à certaines périodes et selon certains points de vue, on le trouve plutôt du côté des barricades que du côté des conquérants. Dans cette histoire, la Révolution tranquille des années soixante sera une étape, un temps fort, porteur d'impulsions nouvelles qui marqueront profondément les mentalités de fin de siècle, mais elle eut été impensable sans l'histoire qui la prépare.

Ici encore, les ruptures ne peuvent être comprises qu'en regard des continuités qui les portent. Les facteurs à l'origine de la modernisation sont nombreux. Certains, nous l'avons dit, remontent aussi loin qu'au XIXe siècle. L'espace rural agricole, bande de terre enclose entre deux chaînes de montagnes qui forme à toutes fins utiles l'œkoumène québécois[30], est extrêmement limité malgré l'immensité du pays et rétrécit à mesure qu'on descend le Saint-Laurent. Il s'est avéré difficilement capable d'intégrer de nouvelles populations. On a alors assisté, dès la seconde moitié du XIXe siècle, à des vagues récurrentes d'émigration, notamment vers les petites villes de la Nouvelle-Angleterre[31] qui connaissent un développement rapide grâce à l'industrie textile. Volontés politique et ecclésiastique aidant, de nouveaux territoires ont été ouverts à la « colonisation » : l'Ouest canadien, le bassin du lac Saint-Jean, voire, en contexte de récession économique dans l'entre-deux-guerres, les « hauts de comté » et l'Abitibi. Quoi qu'il en soit, moins par à-coups que de façon constante, l'industrialisation et le développement des services ont rendu de plus en plus attrayants les pôles urbains du Québec lui-même. Montréal y a trouvé son statut de métropole.

Ruptures et continuités

41

Dans tous les cas, pour s'adapter aux conditions agricoles des nouveaux pays, pour intégrer les modes de vie urbains et, surtout, pour acquérir les savoir-faire nécessaires à une vie décente, les populations déplacées ont dû procéder à de profondes conversions de mentalités. Cette acculturation s'amplifiera à l'occasion des deux guerres mondiales. La mobilisation militaire conjuguée à l'effort de production demandé à tous ouvrira alors encore de nouveaux horizons, de type urbain et ouvrier plutôt que rural et agricole, dans un univers plutôt concurrentiel que communautaire. Beaucoup y vivront un véritable choc culturel.

Le défi urbain   On perçoit mal aujourd'hui ce qu'a pu être la violence dans les villes du XIXe siècle. Certes Montréal, Québec ou Trois-Rivières ne sont pas Pittsburg, Londres ni Liverpool. L'urbanisation industrielle a été ici plus tardive que dans d'autres parties de l'Occident. Malgré ses grèves et conflits[32], elle n'a jamais provoqué de fractures sociales aussi profondes. Elle porte néanmoins son quota de violence, non seulement celle qui donne lieu aux opérations de police, telles l'insécurité des rues la nuit, l'effraction, la prostitution et l'errance, mais celle, plus profonde, qui sévit de façon structurelle.

Pour le fils de la campagne qui « monte en ville », cette dernière présente un monde complètement étranger : on y parle une autre langue, on y vit autrement. S'il a l'intention d'y gagner sa vie, à moins de se contenter d'emplois subalternes, ceux de *porteurs d'eau*, il doit apprendre l'anglais. Mais, beaucoup plus important, il est plongé dans un univers de compétition dont il contrôle mal les codes. Tant pour apprendre un métier que pour se faire valoir dans les rapports sociaux hiérarchiques propres au monde du travail, il ne peut compter que sur lui-même. Les structures communautaires qui garantissaient sa place au village n'ont plus de sens, sinon celui d'un rappel folklorique. Sa vie éclate dans une multitude d'« univers sociaux » : le travail, le voisinage, les échanges commerciaux, le loisir, la famille, l'école et... l'église paroissiale qui devient, de ce fait, non plus un lieu d'encadrement et d'intégration mais un univers parmi les autres. Partout, il est confronté à des modes de vie, des valeurs, des idéaux étrangers à son monde d'origine qui, s'ils ne contredisent pas ouvertement le catholicisme, restent en porte-à-faux par rapport aux enseignements et aux rites de l'Église.

Pour la jeune fille quittant son foyer rural pour chercher du travail en ville, cette violence est peut-être encore plus explicite. Les occupations qui s'offrent à elle sont peu nombreuses et, dans la plupart des cas, exigent de sa part un état de dépendance totale. Domestique dans une famille bourgeoise, tout son temps appartient à ses patrons. Ouvrière en atelier, elle sera astreinte à des horaires et à des cadences de production aux limites du possible. Dans tous les cas, elle devra elle aussi affronter une culture qui n'est pas la sienne. Et si, pour une raison quelconque, elle ne fait pas l'affaire, aucune protection ne lui est offerte, sinon celle de la rue. Les chroniqueurs du XIXe siècle notent régulièrement l'importance de la prostitution et de la délinquance féminine (notamment l'infanticide). S'il fallait démontrer *a contrario* cette violence urbaine, on n'aurait qu'à considérer les œuvres de femmes telles Marie Fitzbach, Rosalie Cadron, Émilie Tavernier-Gamelin et autres Marcelle Mallet, dont les villes furent alors le siège. L'asile des Sœurs du Bon-Pasteur, fondé par la première, reçoit d'abord, à Québec, les « filles sortant de prison », pour tenter de les « arracher à la prostitution ». Ville de garnison et ville portuaire, comprenant beaucoup d'hommes loin de leur famille, Québec présente certes de ce point de vue maintes occasions. L'asile ouvert à Montréal par Rosalie Cadron, fondatrice des Sœurs de Miséricorde, fournira aux « filles-mères et aux enfants les soins nécessaires en même temps qu'un abri contre le désespoir ». Mme Gamelin et ses Sœurs de la Providence seront présentes tant auprès des prisonniers politiques de 1837 qu'auprès des victimes de l'épidémie de typhus de 1848 et de toutes les formes de « misère ». Quant aux Sœurs de la Charité de Québec, filles de Marcelle Mallet, leurs maisons ont accueilli vieillards, orphelins et déshérités de

43

toutes sortes, comme ce fut le cas pour toutes les autres descendantes de Marguerite d'Youville, au Canada et aux États-Unis[33]. Toute une littérature édifiante, d'origine cléricale, a surtout retenu de ces femmes l'héroïcité de leurs vertus chrétiennes et de leur indéfectible soumission à l'Église. Mais elles furent aussi – et combien de leurs sœurs ? – des femmes d'action, affrontant des problèmes sociaux bien réels avec des moyens rudimentaires, rendus efficaces par une créativité de tous les jours, non moins héroïque.

Dans ce contexte, on peut mieux comprendre la hantise cléricale de la ville, un véritable « lieu de perdition ». Aux yeux d'un curé de campagne un peu attentif à ses ouailles, c'est là réalité évidente. Sans analyse savante, par simple compassion, il en déduit que ses fidèles doivent être protégés des mirages et des illusions du monde et que la meilleure façon pour le faire est de les garder à la campagne, milieu social fermé mais sécuritaire. De là à dire que la ville n'est pas faite pour les Canadiens français, il n'y a évidemment qu'un pas. Les élites cléricoconservatrices le franchiront d'autant plus allègrement que la ville est aussi, pour elles, le repaire de forces qu'ils jugent antagonistes, celles des « rouges », de la bourgeoisie libérale largement extra-nationale qui s'adonne au culte du progrès matériel et à la libre pensée.

Ce rapport négatif du catholicisme canadien-français à la ville n'a d'ailleurs rien de bien original. Ce n'est pas ici que le catholicisme a intenté son premier procès à la modernité, ni ici que les rondes du combat *Église contre bourgeoisie*[34] ont été les plus virulentes. Le terrain en a cependant été particulier. L'Église a parfois trouvé des alliés objectifs qui, quoique réfractaires à ses rites, tel Arthur Buies[35], l'ont accompagnée dans sa dénonciation de la « crise du monde moderne ». Elle a aussi trouvé devant elle des intellectuels et des hommes politiques, tel Olivar Asselin[36] prônant la séparation de l'Église et de l'État, capables de dénoncer les abus de langage des clercs quand ils prennent prétexte de leur autorité morale pour interve-

44

nir dans les affaires politiques. Le pessimisme devant l'évolution du monde est d'ailleurs loin d'être unanime, même dans le clergé. Après tout, à mesure que les institutions d'Église se développent, la majorité des clercs deviennent eux aussi des urbains *de facto*, voire des bourgeois tirant leur subsistance de leur savoir. Les grandes institutions religieuses, évêchés, séminaires et collèges, sont pour la plupart sises en ville. C'est aussi en ville que fleurissent les œuvres des communautés religieuses.

Les clercs ne pourraient-ils vivre la modernité que sous le mode de l'affrontement? Pour mieux comprendre la gestation de la modernité québécoise, sans doute faudrait-il faire l'histoire du long, patient et paradoxal travail d'intégration de cette modernité par les hommes et les femmes d'Église. Chez les femmes surtout, puisque la vie en religion, en 1921, attire 2,2% des femmes adultes, alors que le taux comparable était de 0,3% en 1851. Non seulement y trouvent-elles une spiritualité mais encore peuvent-elles – certaines d'entre elles en tout cas – y élaborer des projets sociaux originaux, exigeant d'elles compétence et esprit d'entreprise[37]. Pour plusieurs décennies elles deviendront maîtresses des domaines de l'éducation primaire et de la santé, au point qu'on peut considérer avec vraisemblance que la vie religieuse a été pour plusieurs d'entre elles une voie privilégiée de promotion, d'action et parfois de contestation sociales, fournissant des modes d'accomplissement que l'approche féministe elle-même reconnaît aujourd'hui[38].

La modernité en gestation

Mais portons-nous aussi chez les frères éducateurs (Frères maristes, Frères des écoles chrétiennes, etc.), puisqu'en général on en parle moins. Engagés dans l'enseignement secondaire, notamment commercial, depuis 1920[39], leur travail est moins visible puisque leur nombre reste toujours beaucoup moins important que celui des religieuses. Ils sont pourtant à peu près les seuls à se risquer sur le terrain de l'éducation secondaire des garçons des villes, alors que, pourtant, les besoins y sont criants. Dans les années vingt, seulement 24% des enfants catholiques

45

complètent leur primaire ; aux lendemains de la seconde guerre, 46 % atteignent la 7e année, 25 % la 8e, 17 % la 9e et seulement 2 % la 12e année[40]. L'enseignement technique est dispensé au compte-gouttes et les développements qui prennent place sous Duplessis se font dans la pagaille. Ce n'est pas sans raison que le Frère Untel dénoncera, dans son célèbre pamphlet de 1960, la situation de détresse du système. L'investissement des Frères dans une telle désolation ne va pas de soi : l'enseignement au secondaire est une tâche beaucoup plus lourde qu'au primaire, on y attend des maîtres une compétence académique réelle et ils ont besoin de ressources (laboratoires ou autres) qui coûtent cher. De plus, il lui arrive d'entrer en concurrence avec les collèges classiques, déjà bien implantés pour assurer la relève cléricale, ce pourquoi il sera mis en débat au sein même de l'Église.

Peut-être faudrait-il se pencher sur la vie quotidienne d'un frère éducateur dans ce contexte : lever à 5 h du matin, ablutions, prière communautaire, travail de préparation de cours, messe à l'église paroissiale à 7 h (où on les trouve disséminés parmi les rares fidèles : ce sont des clercs *mineurs*), petit déjeuner, surveillance des cours d'écoles ou des salles de regroupement où les enfants commencent à arriver tôt, enseignement de 8 h 30 à 12 h, entrecoupé d'une récréation où ils doivent aussi assurer la surveillance, déjeuner, retour à la surveillance dès 12 h 30, reprise de l'enseignement jusqu'à 16 h, retour à la surveillance, gestion des cas spéciaux, correction de devoirs, dîner, prière, repréparation de cours... On comprend qu'ils se couchaient tôt ! Et pourtant combien d'entre eux ont assuré à travers cela rédaction de manuels, mise au point d'outils pédagogiques, ou encore ont poursuivi des études supérieures et réussi des percées dans des secteurs nouveaux. Pensons, bien sûr, à Marie-Victorin le botaniste, à Clément Lockwell le littéraire et gestionnaire, à Alfred (Houle) un des tous premiers canadiens *fellow* de la Société des actuaires, à Jérôme (Ulric Aimé Paradis) l'artiste-peintre compagnon de Borduas.

Ils furent des figures de proue de la modernité québé- coise. Mais d'autres, plus humbles, méritent également mention. Sous l'animation des Religieux de Saint-Vincent-de-Paul, particulièrement sensibles aux milieux ouvriers, les Patros n'ont-ils pas regroupé, encadré et occupé les loisirs des garçons, proposant sports, gymnastique, troupes de théâtre et groupes musicaux. Des recherches plus poussées pourraient nous montrer sans trop de peine, entre autres choses, comment ils ont été les précurseurs de ces secteurs aujourd'hui bien en place dans les universités et dans le public que sont l'éducation physique et le sport.

Et retournerons-nous dans le monde agricole où des hommes d'Église, moines de surcroît, ont ouvert la voie à la modernité depuis le début du siècle, notamment par l'enseignement technique qu'ils dispensaient à Oka et d'où sortiront les enseignements aujourd'hui assurés par les collèges et les universités, sans négliger le côté populaire de leur œuvre ? Participant, à partir de 1929, aux cours par correspondance offerts aux agriculteurs sous l'égide de l'Union catholique des cultivateurs (UCC)[41], ils vulgarisent leur enseignement par un *Catéchisme agricole* dont les leçons portent sur rien de moins, d'année en année, que *l'élevage du veau, la pomme de terre, l'aviculture, l'apiculture, les moteurs, l'hygiène du cultivateur, l'économie rurale, la coopération, les caisses populaires, le crédit agricole*, sans compter, bien sûr, la *gestion de la ferme* et son rapport à *l'économie de marché*. Déjà en 1893, l'École d'agriculture de Sainte-Anne-de-la-Pocatière n'annonçait-elle pas, dans son prospectus : « Disons franchement que dans toutes nos entreprises agricoles, nous sommes guidés par un but unique : faire du profit. Une culture sans profit, si belle qu'elle soit en apparence ne vaut rien pour le cultivateur » !

Est-ce là refus de la modernité ? Obscurantisme ? Gérard Filion le rappelle, s'il est vrai « qu'il y eut parmi les apôtres de la colonisation quelques esprits zélés qui sublimèrent la recherche du pain quotidien en vocation providentielle », ils ne forment en rien un bloc monolithique écrasant la vie de l'époque. Il y a indubitablement, au cœur même de la société traditionnelle, une créativité moderne du catholicisme québécois. Elle reste trop peu connue et fut souvent méprisée, tant par les idéologues clérico-conservateurs et leurs émules que par les élites séculières qui, plus tard, ont mené la marche du progrès technique. Le mythe de la grande noirceur ecclésiastique, à considérer cette créativité, tient sans doute beaucoup moins au vécu des ancêtres qu'au regard condescendant qu'une certaine intelligentsia, urbaine et scolarisée de très fraîche date, a porté sur eux dans la deuxième moitié du siècle.

Des déchirures internes Certes, le catholicisme de la première moitié du siècle est loin du pluralisme contemporain. Mais il présente déjà des déchirures internes qui ne sont pas sans rapport avec cette intégration de la modernité. De ce point de vue, la grève de l'amiante en 1949 sera d'ailleurs pour lui un véritable test: la fracture sociale dont elle témoigne se répercutera au sein même de l'Église[42]. Le clergé local se montrera volontiers solidaire des grévistes, en contestation plus ou moins ouverte de l'ordre établi. Des collectes en faveur des grévistes seront organisées dans plusieurs diocèses pendant que d'autres verront là, bien sûr, une source d'anarchie. Deux conceptions du christianisme sont alors engagées, celle qui privilégie l'autorité, celle qui privilégie la fraternité. Bien qu'il soit excessif de parler de ruptures définitives au sein de l'Église, les déchirures sont assez importantes pour perturber la sérénité de l'épiscopat. L'évêque de Montréal, Joseph Charbonneau, devra s'exiler à Victoria, sous la double pression du pouvoir duplessiste et du conservatisme clérical.

L'Église n'organise pas *directement* la défense des ouvriers. Elle abandonne cette tâche aux chefs des syndicats catholiques, par ailleurs guidés par ses prêtres. Mais le conflit de l'amiante, par la disparité des solidarités qui se sont exprimées à son occasion, laisse émerger une version paradoxalement sociale-démocrate du catholicisme québécois. Face à un État qui, tout en se prétendant nationaliste, est surtout conservateur et serviteur du

48

capitalisme dominant, face à une Église où prévaut le clérico-conservatisme, la grève de l'amiante annonce des évolutions à venir.

Sans doute à l'insu de ses chefs et de ses penseurs, l'Église est peut-être cependant déjà en train de perdre tant la bourgeoisie en développement, dont les modèles proviennent d'univers étrangers à son discours, que le monde ouvrier dont l'encadrement ne tiendra plus longtemps. La première se désintéressera bientôt d'elle, même quand elle voudra procéder à des réformes en profondeur. Ses intérêts sont ailleurs. Ils la pousseront à épouser, sans beaucoup de critique, les modes de pensée libéraux présidant aux conquêtes économiques de l'Occident. Quant au monde ouvrier, il développera un langage de plus en plus autonome. Il lui arrivera de reconnaître des camarades parmi les chrétiens engagés mais sans compter vraiment sur les institutions d'Église, porteuses de messages trop ambigus. Les préoccupations des uns comme des autres, dans les cycles d'euphorie et de déprime économiques qui marqueront la fin du siècle, éparpilleront bientôt le troupeau.

Mais cela est déjà une autre histoire, celle des trente dernières années. Elle nous mènera à insister non plus tellement sur l'aventure politique du catholicisme québécois, sa capacité d'être porteur des signifiants et des combats de la citoyenneté, mais sur les défis culturels qu'il sera mis en demeure d'affronter.

1. Entrevue dans *Le Devoir*, le 2 juillet 1992.   *Notes*
2. « Notre-Dame du Canada », publié dans le recueil *La bonne chanson* de Charles-Émile Gadbois, 1946.
3. Georges Goyau, *Les origines religieuses du Canada. Une épopée mystique*, Montréal, Fides,1951, 301 p.
4. Lettre de 1853, telle que citée par Lionel Groulx, *Notre maître le passé*, deuxième série, Montréal, Librairie Granger Frères limitée, 1936, p. 199.

49

5. C'est-à-dire l'effet d'un certain mode de pensée dans les rapports sociaux vécus par la communauté (politique, nationale, scientifique ou autre) qui fait de ce mode de pensée un cadre obligé de référence identitaire. Cf. Thomas Kuhn, *The Structure of Scientific Revolution*, Chicago, University of Chicago Press, 1962, 172 p. ; « Reflections on my critics », dans I. Lakatos et A. Musgrave (dir.), *Criticism and the Growth of Knowledge*, Cambridge, Cambridge University Press, 1970, p. 231-278.

6. Graeme Wynn, « Aux confins de l'empire 1760-1840 », dans Craig Brown (dir.), *Histoire générale du Canada*, édition française dirigée par Paul-André Linteau, Montréal, Éditions du Boréal, 1987, p. 223-331.

7. Voir Serge Gagnon et Louise Lebel-Gagnon, « Le milieu d'origine du clergé québécois 1775-1880 : mythes et réalités », *Revue d'histoire d'Amérique française*, vol. 37, n° 3, décembre 1983, p. 373-397.

8. Voir Pierre Savard, « La vie du clergé québecois au XIXᵉ siècle », *Recherches sociographiques*, vol. VIII, n° 3, septembre-décembre 1967, p. 259-274, de même que Louis-Edmond Hamelin, « L'évolution numérique séculaire du clergé catholique dans le Québec », *Recherches sociographiques*, vol. II, n° 2, avril-juin 1961, p. 189-241.

9. Ayant refusé de prêter le serment « constitutionnel ». En 1793, la Terreur fait émigrer 40 000 prêtres hors de France, dont 10 000 trouveront refuge en Angleterre. Bien peu, on le voit, viendront au Canada. Ces exilés rêvent, en effet, de retour dans leur patrie.

10. Mouvement apparaissant au XVIIIᵉ siècle en Angleterre sous l'impulsion des frères Wesley, organisé en confession après la rupture avec l'Église anglicane, préconisant un retour aux sources (*réveil*) de la tradition protestante en mettant l'accent sur la sanctification personnelle par la conversion intérieure, selon la « méthode » des Wesley.

11. Dogme de l'Église catholique affirmant que la réalité (substance) du pain et du vin devient le Corps et le Sang du Christ par la consécration eucharistique.

12. Les lois de la Grande-Bretagne auxquelles les textes font référence « n'admettent absolument pas de hiérarchie papale ». L'Angleterre n'accordera que parcimonieusement, à partir de 1791, des mesures de tolérance à l'égard de ses propres catholiques romains persécutés depuis plus de deux cents ans.

13. Lettre tirée des archives de l'Archevêché de Québec, Correspondance manuscrite de Rome, 1 : 36 ; reproduite par Guy Frégault et Marcel Trudel, *Histoire du Canada par les textes*, tome I *(1534-1854)*, Montréal, Fides, 1952, p. 149-150. L'orthographe originale a été respectée.

14. Michel Foucault, *L'archéologie du savoir*, Paris, Gallimard, 1969, p. 27.

15. Voir *Le rapport de Durham*, traduction et introduction de Denis Bertrand et d'Albert Desbiens, Montréal, l'Hexagone, 1990, 317 p.

16. Entendons ici : le *colonisateur.*

17. Pour fin de compréhension de ces chiffres, disons que le taux de 1 prêtre pour 2 000 à 3 000 fidèles est celui qu'on trouve dans les pays dits de « mission », dans les années 1950. À l'autre extrême, dans la France d'Ancien régime, avant la Révolution, on trouvait 1 prêtre pour 200 à 300 fidèles.

18. Voir à ce propos, parmi d'autres, les travaux de Louis Rousseau, « Crise et réveil religieux dans le Québec du XIXe siècle », *Interface*, vol. 11, n° 1, janvier-février 1990, p. 12-17 ; « À l'origine d'une société maintenant perdue : le réveil religieux montréalais de 1840 », dans Yvon Desrosiers, *Religion et culture au Québec : figures contemporaines du sacré*, Montréal, Fides, 1986, p. 71-92 ; Louis Rousseau et Frank W. Remiggi (dir.), *Atlas historique des pratiques religieuses. Le Sud-Ouest du Québec au XIXe siècle*, Ottawa, Presses de l'Université d'Ottawa, 1998, 235 p. ; René Hardy, *Contrôle social et mutation de la culture religieuse au Québec 1830-1930*, Montréal, Boréal, 1999, 284 p.

19. À moins, bien sûr, que *violoneux* ou *conteur*, il ne prenne la route pour animer, de ferme en ferme, les veillées d'hiver, vivant de ce qu'on pourra bien lui donner. Figure certes admirable de l'artiste d'antan, mais peu congruente avec le monde moderne en formation.

20. « L'apôtre de la croix noire », *Cap-aux-Diamants*, n° 28, hiver 1992, p. 44.

21. De telles campagnes de prédication de la tempérance, de même que les Sociétés de tempérance ou d'abstinence, ne sont d'ailleurs pas des inventions d'ici. On en trouve partout en Amérique, notamment dans la mouvance du *revivalisme* et du *piétisme* protestants de type baptiste, et surtout là où les populations blanches occupent de *nouvelles frontières*.

22. Voir à ce propos Gérard Bouchard, *Quelques arpents d'Amérique : population, économie, famille au Saguenay* (1838-1871), Montréal, Boréal, 1996, 635 p.

23. On a connu à certaines périodes au Canada français, comme dans d'autres sociétés d'Ancien régime, jusqu'à 135 jours fériés, comprenant bien sûr les dimanches mais aussi les fêtes patronales, la semaine sainte, les fêtes de Marie, de Joseph et de Jésus, leurs vigiles et octaves, etc.

24. Jusqu'à la construction de l'église en 1875, les ouvriers « n'ayant ni chevaux ni bœufs comme les paysans en ont » (*dixit* Benjamin Demers : cf. note suivante) doivent se rendre à pied jusqu'à Saint-Jean-Chrysostome pour participer aux offices religieux.

25. L'abbé Benjamin Demers, *La paroisse de St-Romuald d'Etchemin avant et depuis son érection*, Québec, J.-A.-K. Laflamme Imprimeur, 1906, 306 p.

26. Cf. Richard Allen, *The Social Passion. Religion and Social Reform in Canada 1914-1928*, Toronto, University of Toronto Press, 1971, 385 p.

27. Voir, à propos de l'ultramontanisme, l'article de Philippe Sylvain, « Quelques aspects de l'antagonisme libéral-ultramontain au Canada français », *Recherches sociographiques*, vol. VIII, n° 3, septembre-décembre 1967, p. 275-298.

28. À propos de ce texte, on pourra lire de Fernand Ouellet, « Le mandement de Mgr Lartigue de 1837 et la réaction libérale », *BRH*, n° 68, 1952, p. 97-104.

29. Toutes catégories confondues. Appelons « clerc » toute personne qui agit ou parle en vertu de son statut dans l'institution catholique. Il peut s'agir d'évêques, de prêtres, de frères ou de sœurs, voire de laïcs tenant effectivement un discours qui reprend celui de l'institution.

30. Les deux tiers de la population vivant à moins de dix kilomètres des rives du Saint-Laurent.

31. Entre 1850 et 1900, au moins 350 000 Québécois ont émigré en Nouvelle-Angleterre. Cf. Ralph D. Vicero, « Sources statistiques pour l'étude de l'immigration et du peuplement canadien-français en Nouvelle-Angleterre au cours du XIXᵉ siècle », *Recherches sociographiques*, vol. XII, nᵒ 3, 1971, p. 361-377. Voir aussi Yves Roby, *Les Franco-Américains de la Nouvelle-Angleterre (1776-1930)*, Sillery, Septentrion, 1990, 434 p.

32. Jean-Hamelin, Paul Larocque et Jacques Rouillard, *Répertoire des grèves dans la Province de Québec au XIXᵉ siècle*, Montréal, Presses de l'École des hautes études commerciales, 1970, 168 p.

33. *L'Asile du Bon-Pasteur de Québec d'après les annales de cet institut*, Québec, Imprimerie de L.-J. Demers & Frères, 1896, 410 p. ; Paul-Henri Barabé, *Un siècle de miséricorde*, Montréal et Ottawa, Sœurs de Miséricorde et Éditions de l'Université d'Ottawa, 1948, 415 p. ; Denise Robillard, *Émilie Tavernier-Gamelin*, Montréal, Éditions du Méridien, 1988, 330 p. ; Liliane Héroux, *Deux femmes, un seul amour. Mère d'Youville. Mère Marie-Anne Marcelle Mallet*, Montréal, Les Éditions Bellarmin, 1972, 224 p.

34. Émile Poulat, *Église contre bourgeoisie. Introduction au devenir du catholicisme actuel*, Paris, Casterman, 1977, 290 p.

35. Marcel-A. Gagnon, *Le ciel et l'enfer d'Arthur Buies*, Québec, Les Presses de l'Université Laval, 1965.

36. Voir la biographie d'Hélène Pelletier-Baillargeon, *Olivar Asselin et son temps. Le militant*, Montréal, Fides, 1996, 780 p.

37. Martha Danylewycz, *Profession : religieuse. Un choix pour les Québécoises 1840-1920*, Montréal, Boréal, 1988, 246 p.

38. Micheline Dumont, *Les religieuses sont-elles féministes ?*, Montréal, Bellarmin, 1994, 208 p.

39. Voir les travaux de Paul-André Turcotte, notamment *L'enseignement secondaire public des frères éducateurs (1920-1970). Utopie et modernité*, Montréal, Bellarmin, 1988, 220 p.

40. Les données de ce paragraphe sont empruntées à Paul-André Linteau, René Durocher, Jean-Claude Robert et François Ricard, *Histoire du Québec contemporain. 2. Le Québec depuis 1930*, Montréal, Boréal, 1986, ch. 7 et ch. 24.

41. Voir à ce propos la thèse de Jacques Brodeur, *Du cultivateur religieux au producteur gestionnaire : rupture ou mutation ? Les cours à domicile de l'Union Catholique des Cultivateurs (UCC) 1929-1968*, thèse de doctorat en sciences de la religion, Montréal, Université de Montréal, mai 1996, 237 p.

42. Hélène David, « La grève et le Bon Dieu : la grève de l'amiante au Québec », *Sociologie et sociétés*, vol. 1, nᵒ 2, novembre 1969, p. 249-276.

2

Le catholicisme
comme culture primordiale
des Québécois

L'Église a colonisé les consciences,
elle ne les a pas défrichées.

Fernand DUMONT[1]

La Révolution tranquille a servi de charnière à la construction de la modernité québécoise et, du même coup, à l'histoire du catholicisme au XXᵉ siècle.

La coupure, cependant, est sans doute plus importante dans la représentation qu'on s'en fait aujourd'hui qu'elle ne le fut en réalité. Nous y reviendrons. Devant des événements aussi marquants et récents que ceux des années soixante, l'objectivité, en effet, ne peut pas être donnée à priori ; elle est construite par le récit de leurs acteurs et, surtout, de ceux qui en vivent les conséquences. Elle est essentiellement *narrative*. Là réside sans doute la réalité la plus incontestable de la Révolution tranquille, *évolution tapageuse* selon certains. Celle-ci a produit une nouvelle image de la société civile québécoise, un récit neuf de son histoire, une conscience originale de son identité.

Pour la bourgeoisie nationale et le peuple urbain, cette vision du monde s'est développée dans la volonté et la capacité inédites de prise en main politique, économique et culturelle. Et par là même, elle a provoqué la mise en valeur d'un signifiant identaire jusque-là mineur, celui de *Québécois*. Émancipée de la matrice ecclésiastique qui l'avait nourrie pour un temps, dégagée de la problématique de survivance qui l'avait contrainte, portée par des leaders et des intellectuels désormais capables de se faire entendre, cette identité québécoise a pu alors prétendre accéder à ses projets spécifiques. Rappelons-nous les slogans du Parti libéral pendant les campagnes électorales de 1960 et 1962 : « Il faut que ça change ! »... « Maîtres chez nous ! » Cette émancipation restera, certes, héritière des nationalismes religieux et culturels d'autrefois par certaines de ses expressions. Elle se présentera néanmoins dans l'imaginaire québécois comme une rupture, non plus seulement *résistance* mais *conquête*. Et en cela, elle fera figure d'une modernité enfin intégrée.

Trois chocs majeurs   Pour l'Église, ces années seront extrêmement complexes, parfois douloureuses. Ses institutions devront accuser, coup sur coup, trois chocs majeurs. Le premier, sans doute le plus important, est celui de la sécularisation des structures d'encadrement mises en place depuis un siècle, principalement dans les domaines de l'éducation et de la santé, mais aussi dans les loisirs, l'animation rurale et ouvrière, le syndicalisme. Certaines œuvres, celles qui visaient par exemple à aider les populations migrantes dans les territoires de *colonisation*, disparaîtront tout simplement. Le deuxième choc, celui du vent réformateur soufflant, paradoxalement, depuis Rome, convie les catholiques à l'*aggiornamento*. Pour favoriser la conversion de l'esprit, Vatican II appelle au dépoussiérage des vieilles habitudes pastorales et liturgiques. Or, on a l'habitude de voir dans les institutions catholiques des incarnations de l'intangible, et elles se voient elles-mêmes souvent comme telles. Beaucoup de certitudes en seront ébranlées. Enfin, le troisième choc sera causé par l'irruption des mass-medias, la télévision d'abord, puis les « révolutions »

54

successives dans les communications. Jusque-là saturée d'images et de symboles religieux, la culture populaire des Québécois est bientôt gavée d'autres représentations, témoignant d'un monde bien différent de celui de ses communautés d'origine. Les chants qu'elle entend ne sont plus ceux des chœurs angéliques annonçant le salut éternel, mais ceux des vedettes de la modernité. Ils véhiculent des modèles et des modes de vie aussi idéalisés que les anciens, sans doute, mais fondés sur d'autres valeurs et parés, qui plus est, des prestigieux attributs du pouvoir économique. La messe catholique sera bientôt remplacée par la messe cathodique, nouveau catalyseur de l'identité collective et miroir de ses aspirations. Dans le creux de la culture mondialisée, l'universalisme catholique prendra l'allure d'un particularisme local.

Ces trois chocs forceront le passage d'un catholicisme institutionnel dont les enjeux étaient foncièrement politiques, l'encadrement du peuple, à une religion diffuse aux appartenances ambiguës. Pour ceux qui continuent de se dire chrétiens, surgissent alors de nouveaux défis, liés à la capacité de témoigner du sens qu'ils donnent à leur appartenance, de présenter aux autres des lieux signifiants, dans un monde étranger à leur héritage et qu'eux-mêmes perçoivent souvent comme chaotique. C'est de cette transformation des bases mêmes du catholicisme québécois que nous traiterons dans ce chapitre.

La sécularisation des institutions québécoises

À la source de la Révolution tranquille, ni complot, ni concertation attribuable à un groupe particulier. Réalisée en un temps record – moins de dix ans – la sécularisation des institutions québécoises a représenté un processus à la fois simple dans son déroulement et complexe dans ses significations. De l'arrivée au pouvoir du parti de Jean Lesage, en 1960, jusqu'aux événements pénibles provoqués par le Front de libération nationale en 1970, tous les Québécois ont eu le sentiment que «ça changeait vite»,

55

les références familières de leur vie étant remplacées par d'autres. De là, sans doute, l'impression d'une *révolution*. Pourtant, l'intensité du changement ne fut pas d'abord physique. La violence, quand elle se manifesta, est restée marginale, hors des mouvements de masse. C'est une révolution *tranquille*. Pas de prise de pouvoir par la force, à quelque niveau, même si d'importants déplacements d'influence sont provoqués par les nouvelles conditions économiques et sociales.

Comment cela se passe-t-il ?

La nouvelle bourgeoisie nationale

À la base, une classe moyenne supporte une bourgeoisie nationale à laquelle le XIXᵉ siècle et la première moitié du XXᵉ siècle n'avaient jamais vraiment laissé prendre la parole, sinon sous forme de protestation dans les épisodes de « troubles ». Cette classe est formée, pour une bonne part, de catégories sociales associées à l'urbanisation et au progrès socio-économique : cadres d'entreprises, professionnels engagés dans les affaires sociales et en éducation, contremaîtres, ouvriers spécialisés, chefs de département, comptables, commerçants, syndicalistes, intellectuels... Parmi ceux qui s'expriment alors le plus ouvertement, beaucoup sont encore ou ont été actifs dans l'Église ; plusieurs ont même été formés dans les mouvements d'action catholique. Ils promeuvent un dynamisme axé sur les notions de modernisation, de développement et de progrès. Urbanisés de fraîche date, encore marqués par les modes de vie traditionnels, ils veulent transformer des institutions peut-être adaptées au monde rural et communautaire mais à l'efficacité douteuse en ville. Porteurs d'une conscience sociale originale –, à laquelle le catholicisme est loin d'être étranger – ils produiront les idées-forces du débat politique. Prenant le relais de l'ancienne élite dont les cadres d'action restaient largement ceux de l'Église, cette bourgeoisie nouvelle se voudra cependant moins héritière que pionnière. Sa sensibilité et son action seront déterminées moins par la tradition que par les aspirations du peuple, présumées ou réelles. « C'est le début d'un temps nouveau... », chantent ses troubadours.

Pourtant, cela ne veut pas dire que cette période ne verra pas d'affrontements. L'histoire du Québec connaît depuis longtemps les rivalités des *rouges* et des *bleus* ; elle a vécu l'antagonisme des libéraux et des ultramontains au XIXᵉ siècle. Les oppositions qui prévaudront désormais transformeront ces clivages hérités du passé. Les tenants de la tradition, notamment ceux qui continuent de défendre les privilèges de l'Église, seront d'une façon générale assimilés à l'obscurité, au refus des lumières de la modernité. Ceux qui au contraire se réfèrent à cette dernière s'identifieront aux puissances de changement, tant dans le présent qu'en vue de l'avenir. Dans l'Église même, de nouvelles catégories viennent polariser ce débat qui, désormais, a des répercussions pratiques immédiates : celles d'*intégristes* et de *progressistes*[2].

Les progressistes reprochent aux intégristes de tout réduire à la logique simpliste de l'opposition de Dieu et du monde, d'amalgamer les divers niveaux de tradition ecclésiale, de promouvoir le conservatisme social, l'autoritarisme et le conformisme. En contrepartie, ils se font accuser de laxisme dans leurs rapports aux valeurs fondamentales, de romantisme dans leur quête d'une pureté idéalisée, d'aventurisme dans leurs rapports avec le monde, voire de naïveté quant à leur connaissance de la nature humaine ! Certes, de telles polarisations du débat ne préjugent en rien de la diversité des positions à l'intérieur de chaque camp, où les nuances sont multiples. Elles ramènent à l'avant-scène l'opposition classique entre progressisme et conservatisme, mais elles n'épuisent pas pour autant la problématique de l'*aggiornamento*. Essayons de la comprendre un peu plus en profondeur.

La polarité des idéologies

Les dérives favorisées par une telle polarité des idéologies s'imaginent aisément. La valeur d'un éclairage, en effet, est toute relative. Le plus faible lumignon devient d'autant plus important, pour celui auquel il sert de guide, que l'obscurité est opaque autour de lui. Aussi, la conviction d'apporter la lumière dans le débat social s'impose d'autant mieux qu'on peut se persuader qu'auparavant

57

c'était l'obscurité ! Dans le contexte idéologique québécois, l'idée de *grande noirceur* – toujours celle d'*avant*, remarquons-le – deviendra alors l'appréhension d'une réalité d'autant plus trouble que l'*aujourd'hui* est mal assuré. Dans le discours commun, l'*autrefois* deviendra ainsi de plus en plus mythique. À l'intérieur comme à l'extérieur des institutions catholiques, comme dans la culture populaire et, faut-il le dire, sous l'influence d'industries médiatiques davantage portées au spectaculaire qu'à la critique historique, il deviendra une sorte de nébuleuse de forces occultes. Reçu par la nouvelle génération des *baby-boomers,* en héritage de leurs parents acteurs de la Révolution tranquille, le mythe de la grande noirceur précédant les années soixante perdurera au moins jusqu'à la fin du siècle. Chacun pourra alors trouver dans le dénigrement des anciennes institutions des arguments faciles pour se faire valoir.

La question
de l'éducation

Parmi les faits marquants de la Révolution tranquille, personne ne contestera l'importance de la naissance du ministère de l'Éducation en 1964. Rappelons la séquence de base de l'événement : la Commission royale d'enquête sur l'enseignement dépose son *Rapport* le 23 avril 1963. Elle propose, après un imposant processus de consultation et d'animation, une vision renouvelée des structures pédagogiques, des programmes, de l'administration et du financement de l'éducation. La même année, le 26 juin, le gouvernement dépose le *Bill 60* à l'Assemblée législative et celle-ci adopte, le 5 février 1964, la loi créant le ministère de l'Éducation et le Conseil supérieur de l'Éducation. Entre-temps prend place un débat public d'une densité exceptionnelle, une « formidable campagne de pression », écrit le sociologue Léon Dion, dans un des livres qu'il lui a consacrés[3], où se révèlent les connivences et les antagonismes liés aux intérêts et valeurs de la société québécoise.

Concrètement, le rôle de l'État en éducation constitue l'objet du débat. Sur ce terrain propice à l'affirmation des polarités idéologiques, ce ne sont pourtant pas les acteurs extrémistes qui gagneront le plus d'influence. Les partisans du *statu quo* (maintien du Département de l'instruction publique et d'un système scolaire dans lequel l'Église a des fonctions de gestion prépondérantes), arguant que le *Bill 60* met en danger la culture canadienne-française, vont être minorisés. Les partisans de la laïcité, par ailleurs, éviteront de pousser trop loin leur logique. Par la voix du Mouvement laïc de langue française, ils se présentent plutôt en défenseurs de la liberté de conscience, déplorant la « confusion des pouvoirs religieux et civils » (que continue d'entretenir le *Bill 60*), mais reconnaissant « la nécessité d'accorder aux groupes religieux toutes les garanties nécessaires à leurs droits scolaires[4] ». Le concept de laïcité qu'ils mettent de l'avant veut représenter « le consentement du citoyen, croyant et incroyant, à l'arbitrage garanti et institutionnalisé, par l'État, entre l'Église et la Nation, de deux libertés indissociables, la liberté intérieure de l'acte de foi, et la liberté civile de religion ». Ils reconnaissent les limites à ne pas dépasser : « La laïcité se fera avec les chrétiens, ou elle ne se fera pas », annonçait Maurice Blain[5] en 1961.

En filigrane de ce débat sur l'école, un autre débat est donc en train de s'imposer, celui par lequel la *communauté des citoyens* remplacera bientôt la *communauté des croyants* comme lieu d'encadrement des comportements. Depuis 1856, rappelle le ministre Paul Gérin-Lajoie, le monde scolaire québécois a connu un duopole religieux, catholique et protestant, qui laissait à l'État peu d'espace décisionnel : « L'État s'occupait de fournir des fonds et remettait l'entière responsabilité de l'aspect "pédagogique" et de l'administration directe aux Églises[6]... ». De fait, les garanties constitutionnelles accordées aux confessions religieuses devaient d'abord être utiles aux communautés protestantes. Démographiquement minoritaires, celles-ci pouvaient en effet craindre le catholicisme conquérant de la majorité. Or la situation a changé. Les protestants restent minoritaires, mais l'encadrement catholique de la culture québécoise s'est effrité à un point tel qu'un réarrangement des stratégies s'impose. Seul l'État semble désormais pouvoir en assumer le leadership.

Encadrement citoyen ou encadrement croyant ?

Ce contexte forcera les principaux protagonistes à porter la discussion sur la place publique. Le Gouvernement y renforcera sa position dans l'espace culturel québécois, trouvant reconnaissance de sa légitimité en négociant « avec l'agent le plus autorisé, le plus prestigieux et le plus puissant que le débat ait fait émerger, l'Assemblée des évêques[7] ». Si le premier est amené à s'entendre avec l'Église, de son côté cette dernière doit apprendre à *se définir dans le cadre d'un débat public*, exercice nouveau pour elle. Elle devra, au vu et au su de tous, clarifier sa position et ses objectifs concrets. Le type de discours développé à cette occasion établira dès lors, pour longtemps, les balises des autres débats qu'elle devra soutenir.

Derrière la délibération sur l'éducation se profile d'ailleurs une question encore plus fondamentale, celle de la *démocratie*. Le ministre parrain du projet de loi, Paul Gérin-Lajoie, y engage sa propre autorité : « Libre choix de la population, la confessionnalité n'est jamais garantie, au fond, que par la volonté de cette population[8]. » L'argument, certes, est une arme à deux tranchants qui pourrait servir tout aussi bien à maintenir le *statu quo* qu'à justifier son assouplissement. Les membres du parti gouvernemental le reprennent volontiers pour défendre le projet de loi. Les radicaux, du côté des « traditionalistes » comme du côté des « progressistes », n'ont pas grand-chose à lui opposer.

Quelle sera la position des évêques, acteurs à l'avant de la scène, puisqu'ils contrôlent, depuis le début du siècle, le Conseil supérieur de l'instruction publique ? Accepteront-ils que ce contrôle leur échappe au profit d'un ministère de l'Éducation ? Finalement, leur réaction restera pragmatique. Après une longue période de réserve, ils rappelleront leurs positions les plus traditionnelles (les droits de la famille, de l'Église et de l'État), puis ils indiqueront, en juin 1963, qu'ils « se réjouissent de l'intérêt croissant que dans tous les milieux on porte à l'éducation et à tout ce qui peut favoriser de réels progrès dans ce domaine[9]», et qu'ils ne considèrent pas ce champ comme leur chasse gardée. Dans les semaines suivantes, ils proposeront au Gouvernement des amendements à son projet de loi et lui demanderont de formuler une déclaration des droits fondamentaux en matière d'éducation, insistant sur l'idée que le «droit à la confessionnalité se place tout entier, lui aussi, dans la logique du droit à la liberté de conscience; il permet à ceux qui professent une foi religieuse d'avoir des écoles conformes à leurs convictions intérieures et à leur idéal de vie[10]». Ils signaleront alors qu'ils entendent désormais limiter strictement leur rôle «à ce qui relève de leur charge pastorale», étant entendu qu'«un esprit chrétien doit se retrouver dans toute la vie de l'école, dans son ordonnance, dans la philosophie de l'éducation qui l'anime, dans ses conceptions pédagogiques[11]».

Auraient-ils été sensibles aux charges qui les accusent d'avoir antérieurement abusé de leur pouvoir? Entendons-nous bien. Les évêques ne renoncent pas aux privilèges hérités d'une société largement confessionnelle. Ils continueront de les défendre. Mais ils acceptent d'inscrire ces privilèges dans l'État de droit. Sensibles au souffle de Vatican II, peut-être, ils entendent ainsi concilier la participation à la cité et le respect de leur tradition. Observateur privilégié, Léon Dion conclut alors:

> On peut être catégorique sur ce point: l'Assemblée des évêques s'est refusée à servir de point d'appui au grand nombre de ceux qui, très souvent pour des motifs, extérieurement tout au moins, liés à la religion, s'opposaient à la création d'un ministère de l'Éducation... Tout en ne se prononçant pas sur les modalités concrètes de l'exercice par l'État de son rôle en éducation, l'Assemblée des évêques s'est montrée favorable aux objectifs politiques fondamentaux du bill 60. Par son comportement général, elle se rangeait dans le camp des conservatistes modérés mais elle ne s'éloignait pas sensiblement de celui des progressistes modérés[12].

Le projet de loi créant le ministère de l'Éducation sera donc accepté en février 1964 avec la bénédiction de l'épiscopat, sinon l'assentiment de tous les catholiques. La plus vieille tradition du catholicisme québécois, celle du pragmatisme, l'aura emporté.

La question
de la santé Les transactions présidant à la sécularisation du système de santé suivront un modèle sensiblement comparable, sauf que les débats, dans ce secteur, connaîtront moins de publicité. Certes, les acteurs à l'avant-scène de même que les enjeux diffèrent aussi quelque peu. L'ensemble du système de santé québécois est géré par l'Église mais *via* les congrégations religieuses qui, la plupart du temps, sont propriétaires des biens immeubles et gestionnaires de ses institutions. Ce système, cependant, ne peut plus fonctionner adéquatement par le seul engagement de ces congrégations. Là où traditionnellement les appels à la générosité privée étaient privilégiés, les gouvernements doivent désormais intervenir de plus en plus lourdement dans des opérations de plus en plus onéreuses. Les congrégations religieuses, essentiellement des communautés de femmes, disposent certes encore d'excellentes ressources humaines. Elles pressentent cependant les difficultés à venir, compte tenu de la progression exponentielle des technologies dont elles doivent assumer la maîtrise et d'une baisse déjà appréhendée des vocations[13]. Leur intérêt à négocier le passage vers un autre type de gestion s'avère donc bien réel. Il ne signifie pas nécessairement qu'elles devront quitter les lieux.

Beaucoup moins médiatisé que celui concernant l'éducation, le débat se soldera, ici encore, par des arrangements pragmatiques, le plus souvent cas par cas. Les religieuses des hôpitaux conserveront leurs postes et prérogatives, au jugé de leur compétence, mais elles deviendront bientôt des cadres, parmi d'autres, d'un système répondant d'une logique de l'administration publique.

La « culture catholique » mise en question

Extrêmement importants pour la vie des institutions catholiques – on le comprend facilement –, les changements dans la gestion de l'éducation et de la santé ne sauraient expliquer à eux seuls tous les bouleversements. Force est de dire que les premiers concernés par ceux-ci sont les « spécialistes », surtout des prêtres, religieux et religieuses. Pour le fidèle moyen, les effets ressentis seront somme toute mineurs. Et pourtant, sa vie religieuse connaîtra bientôt de profondes ruptures. Il faut donc interroger d'autres dimensions de la culture catholique pour comprendre ce qui se passe.

Les luttes traditionnelles menées par l'Église face à la modernité montrent bien que céder aux pressions n'est pas dans ses habitudes[14]. Au-delà du pragmatisme attesté par ses leaders, ne faut-il pas que le catholicisme se soit senti profondément menacé pour que l'Église ait accepté de limiter, ne fût-ce que symboliquement, les territoires de son action ? Pourquoi une telle ouverture dans le Québec des années soixante ?

D'une façon générale, la « culture catholique » se caractérise par son organisation de la pensée, sa capacité de contrôle des attitudes et des comportements, ainsi que par les réseaux de diffusion de sa pensée. En tout cela, elle vise l'encadrement de la vie des fidèles. Or, de ce point de vue, le catholicisme traditionnel ne s'est jamais laissé limiter à des secteurs particuliers d'influence. « Ce qui relève de la charge pastorale », comme l'affirmait encore l'archevêque de Québec en défense de la position épiscopale dans les négociations autour de la naissance du ministère de l'Éducation, « ne se limite pas à la liturgie, l'organisation paroissiale et l'enseignement religieux ». Le « croire » catholique ne touche pas seulement des idées sur l'au-delà, la Rédemption ou la vie de Jésus, mais il concerne aussi la conduite de la vie personnelle du croyant *dans le monde*. Rien ne lui est indifférent. Or, à ce niveau, celui de l'encadrement, la rupture des années soixante brise les acquis.

63

Jusque-là trois types d'institutions ont permis cet encadrement : la paroisse, l'école et l'hôpital. Le sort des deux derniers s'est réglé par la négociation. Le premier, lui, échappe au regard de l'État, sauf pour certains de ses aspects peu connus du public qui relèvent de la Loi des fabriques servant de cadre à la gestion des biens matériels des paroisses et les procédures d'enregistrement de l'état civil : baptême, mariage, décès. Or c'est au niveau des pratiques, attitudes et comportements, et non à celui de l'organisation et de la responsabilité légale qu'un profond changement de culture va bientôt ébranler le monde paroissial.

Des lézardes
dans l'institution
Certes, cet ébranlement ne surprendra pas beaucoup ceux qui, depuis longtemps parfois, portent attention aux lézardes de l'édifice catholique. À l'occasion des *Grandes missions* entreprises par certains diocèses, déjà sur le qui-vive dans la deuxième moitié des années cinquante, avant le Concile, beaucoup de curés de paroisse se plaignent ouvertement d'une « religion sociologique ». Par ce barbarisme, ils entendent une religion faite de pratiques routinières, conventionnelles et superficielles, non intériorisées et, surtout, sans véritable engagement personnel de la part de fidèles qui, pourtant, la pratiquent avec constance. Les paroisses ont mis sur pied un assortiment remarquable de mouvements et d'associations pieuses pour irriguer ces terres somme toute arides du sentiment religieux. L'importance même des sollicitations traduit bien l'indifférence qu'on appréhende : dans le *catholicisme de masse*, la pratique ne traduit pas nécessairement la conviction.

Nous permettra-t-on de citer ici le père Louis Lachance, dominicain, qui voit pourtant dans ce catholicisme de masse – l'expression est de lui – bien du positif, en 1955 :

> [Les Européens] ont l'expérience d'un athéisme et d'un matérialisme de masse, ils n'ont pas celle d'un *catholicisme de masse*. Et c'est, selon nous, ce qui caractérise fondamentalement le nôtre que d'en être un de cette nature... Nous

64

n'entendons pas signifier par là qu'il représente une sorte de prolétariat spirituel, ni qu'il a peu à peu conduit à la dépersonnalisation, à l'appauvrissement et à l'aliénation des individus ; nous voulons plutôt marquer que notre foi et notre sentiment religieux s'expriment moins par la réflexion, la méditation et la mysticité que par l'action droite et la pratique persévérante... Notre conception de la vie religieuse ne s'est pas projetée dans des constructions doctrinales, mais dans des réalisations collectives de tout genre. L'Église est chez-nous particulièrement *charnelle et visible*... Nous concédons que les exigences de notre religion veulent qu'elle soit vécue « en esprit et en vérité », nous concédons que Dieu tire plus de gloire du don de nos esprits que de l'offrande de nos gestes extérieurs... pourtant, nous ne sommes pas sans nous sentir attendris et ébranlés dans nos positions par le *misereor super turbam* du Christ[15].

Voilà précisément où la modernité va frapper sans complaisance la culture catholique québécoise.

Le modèle rural de la paroisse a été transféré à la ville *Encore la ville* à peu près tel quel, sinon que les paroisses urbaines, plus populeuses que celles des campagnes, nécessitaient un clergé plus nombreux. Or, la ville ne pouvait que très difficilement intégrer ce modèle. Elle représente en effet, par rapport à la campagne, une transformation qualitative des rapports sociaux, et non seulement une augmentation quantitative de ces derniers. Il ne suffit donc pas de l'encadrer par des institutions plus fortes. En ville, travail, famille, commerce, loisirs, éducation, fête, se produisent en autant de lieux fréquentés indépendamment les uns des autres. Chaque *univers social* présente ses normes et valeurs. Jeunes, adultes, personnes âgées, hommes et femmes forment des catégories qui se démarquent tant par les modes adoptées, les produits consommés, les lieux fréquentés, et suscitent autant d'identités particulières. Qui plus est, les individus – et non plus les familles ou les clans – sont appelés à faire leur place, chacun pour soi, dans la concurrence de chacun contre tous, par la démonstration d'un *savoir-faire* qui seul, en définitive, peut assurer la reconnaissance sociale, le prestige et le bien-être. Bref, la ville est un lieu d'éclatement des communautés qui doivent, pour exister, se constituer sur d'autres bases que celles des affinités naturelles.

La transformation qualitative de la vie sociale en ville est ainsi produite par la compétitivité, l'éclatement de l'identité, l'injonction faite à chacun de réussir. Aujourd'hui, une telle assertion paraît banale : la planète entière est en train de devenir une « ville globale » qui transforme le monde en un nœud de relations interdépendantes, nerveuses, agitées et tendues. Dans les années soixante, au Québec, on parle volontiers d'éclatement et de désintégration de la paroisse urbaine. Les intérêts qui amenaient autrefois les gens au presbytère, sinon à l'église, n'existent plus ou, du moins, se mélangent à d'autres. La religion, devenue un univers social en concurrence avec les autres, ne peut plus compter sur une communauté naturelle. La paroisse s'avère incapable d'encadrer la vie personnelle. Elle se transforme en un lieu spécialisé où se pratiquent des rites. Plusieurs en attendent des bénéfices mais peu développent à son égard un véritable sentiment d'appartenance, un peu comme il en est des entreprises commerciales offrant d'autres produits de consommation. Les groupes naturels étant éclatés, l'Église devra bientôt engager ses fidèles à construire leur propre « communauté », forcément artificielle.

Les cadres ecclésiastiques s'inquiètent depuis longtemps des difficultés d'adaptation à cette réalité urbaine. Devant ce qui semblait dégradation de la vie morale, en ville, ils ont notamment mené toutes sortes de campagnes plus ou moins intensives. De Charles-Auguste de Forbin-Janson, évêque français invité par son homologue montréalais pour consolider le « réveil religieux » du XIXᵉ siècle, jusqu'à Pierre Lacroix, télévangéliste des années quatre-vingt, en passant par les prophètes de la tempérance tel Charles Chiniquy, les missionnaires des ouvriers tel Victor Lelièvre ou les apôtres de l'amour conjugal tel Marcel-Marie Desmarais, des prédicateurs populaires et souvent charismatiques ont travaillé, avec les moyens de leur époque (la rhétorique, les rassemblements de foule, la radio, la télévision), à sensibiliser les consciences et à mobiliser les fidèles contre cette dégradation. Peu de causes ont été négligées par l'*action catholique* du milieu du siècle, ni celle des pauvres, ni celle des travailleurs, ni celle des étudiants. Les Ligues du Sacré-Cœur, Dames de Sainte-Anne, Chevaliers de Colomb et autres clubs Richelieu ont cultivé le sentiment chrétien des élites. Le clergé lui-même s'est spécialisé : à côté des prêtres de paroisse, des bataillons d'enseignants ont encadré les jeunes hommes en formation dans les collèges. Certains s'engagent désormais dans les aumôneries, l'animation culturelle, l'administration de services diocésains de plus en plus complexes. Un clergé *missionnaire* a même commencé à s'attaquer à des chantiers pastoraux nouveaux dans les milieux où les formes traditionnelles du christianisme n'ont plus de prise. Mais ces efforts d'adaptation restent insuffisants.

Au tournant des années soixante, les écroulements sont devenus indéniables : la pratique du sacrement de pénitence, par exemple, vue par le peuple davantage comme un tribunal que comme un lieu d'accueil, en témoigne. L'autorité de la culture catholique s'effrite. Quand paraîtra, en 1968, l'encyclique *Humanæ vitæ* soulevant la question de la limitation des naissances, question bien urbaine s'il en est, l'ébranlement de cette culture chrétienne, forteresse assiégée, aura déjà été réalisé. L'enseignement romain sera tout simplement ignoré par la génération qu'il concerne principalement, celle des jeunes adultes. Et il donnera lieu à un sombre malaise dans le clergé lui-même.

La chute des pratiques

La pratique dominicale reste l'indicateur le plus évident de ce mouvement. À Montréal, le sociologue Norbert Lacoste et son équipe effectuent, en 1961, un premier décompte qui marquera déjà l'ampleur de l'érosion : 61 % des fidèles ont assisté à la messe le dimanche 19 novembre. Ses conclusions souligneront l'urgence d'une nouvelle priorité : la pastorale auprès des adultes[16]. Autrement dit, le niveau de la pratique religieuse à Montréal se compare à celui d'autres milieux, notamment chez les protestants des grandes villes américaines. Même si, ailleurs au Québec, la pratique dominicale reste largement unanime à la même époque, l'avenir inquiète. Non sans raison.

En 1981, en effet, la moyenne de fréquentation des églises le dimanche aura chuté à 40 % et le déclin se continuera. En novembre 1984, peu de temps après la visite du pape en terre canadienne, un sondage de l'Université de Montréal indiquait un taux de participation de 31 %. Dans le diocèse de Québec, milieu pourtant relativement bien « conservé », le décompte des pratiquants effectué dans toutes les paroisses, un dimanche de novembre 1992, en prévision du synode, a donné un résultat global de 15,5 %. Il faut bien sûr qualifier toutes ces données. Les taux varient significativement selon les âges[17] et selon les types de population : centres-villes, banlieues, villages, campagnes. Cette même enquête du diocèse de Québec révèle que les paroisses rurales conservent, généralement, des taux de pratique au-dessus de 20 % alors que les urbaines gravitent autour de 10 %[18]. Le type d'habitat et la sédentarité des populations influencent donc considérablement la fréquentation de l'église et la lie au sentiment d'appartenance à un milieu, à une communauté naturelle. De même les femmes sont-elles plus pratiquantes que les hommes : elles forment 63 % des répondants à l'enquête diocésaine contre 37 % pour les hommes. Là où se trouvent peu de familles, dans les centres-villes à populations très mobiles et composées en grande partie de personnes seules, les taux atteignent parfois des planchers de 3 %, c'est-à-dire des niveaux statistiques à toutes fins utiles insignifiants.

On appelle généralement *désaffection* le processus par lequel les Québécois, massivement, ont pris une distance par rapport à l'Église[19]. Nous refusons de dire ici que cette désaffection a été la conséquence de la Révolution tranquille ou celle du Concile. Elle est inhérente à un processus de modernisation qui passe par l'urbanisation des rapports sociaux et qui a fait des années soixante un temps de rupture culturelle pour les Québécois, transformant leur mentalité et changeant les références faisant autorité dans la culture. Les causes identifiables de cette désaffection sont pour une bonne part semblables à celles qui, à la même époque, ont ébranlé le champ politique et qui, aujourd'hui, se manifestent dans la mondialisation des rapports sociaux. Elles génèrent la conscience de vivre dans un monde diversifié dont les règles ne sont plus celles des communautés naturelles, villageoises et familiales. Claire ou diffuse, cette conscience structure alors un nouveau rapport à l'*autrefois*. Elle disqualifie l'histoire, surtout là où cette dernière se voulait continuité, tant qu'elle était contrôlée par une élite cléricale. Les nouvelles visions du monde se veulent capacité d'adaptation, progrès, ruptures. Elles visent non plus à consolider des solidarités mais à faire face à la concurrence universelle. Elles disqualifient les institutions de masse du catholicisme.

La désaffection n'est cependant pas nécessairement un rejet. On reste paradoxalement attaché à l'héritage reçu. Les débats scolaires le montreront aisément : les parents tiennent à le léguer à leurs enfants[20]. Dans les moments charnières de l'existence (naissance d'un enfant, mariage, funérailles d'un parent), la pratique abandonnée refait surface. Le rapport au catholicisme se dessine alors comme une appartenance dont la généralité est attestée par les statistiques, mais sans engagement conséquent. Cette appartenance n'encadre plus la vie quotidienne. Elle ne concerne que de loin en loin les choix qui marquent l'existence et encore, bien souvent, de façon superficielle, sans plus d'intériorisation qu'à l'époque du catholicisme de masse. Par conséquent, elle n'est plus porteuse d'identité.

Un autre signe non équivoque de cette désaffection découle de la situation démographique du clergé. En 1966, on trouve au Québec 13 609 prêtres et religieux, de même que 34 571 religieuses. Au milieu des années soixante-dix, ces chiffres auront déjà baissé d'environ 20 % (11 826 prêtres et religieux ; 29 471 religieuses en 1976). En 1988, nouvelle baisse significative : 9 579 prêtres et religieux, 22 525 religieuses, soit respectivement 68 % et 65 % par

Le déclin démographique du clergé

69

rapport à 1966. Ce taux est maintenant au-dessous de 40 %. Le vieillissement marque en effet, inexorablement, ces populations. Et à Montréal en 1997, par exemple, des 7 312 religieux et religieuses (pères, frères et sœurs, mais ne comprenant pas le clergé séculier), 86 % étaient âgés de plus de 60 ans[21]. L'âge moyen des religieux de plusieurs congrégations se situe désormais au-dessus de 70 ans.

Le principal facteur expliquant déclin et vieillissement est le tarissement des vocations. À la fin des années cin- quante, les collèges classiques présentaient environ la moitié de leurs finissants au clergé diocésain et aux communautés religieuses. En 1963, l'ensemble du Québec compte encore 127 nouveaux prêtres. Leur nombre aura diminué de plus de la moitié en 1970 (54 ordinations), puis des quatre cinquièmes en 1975 (24 ordinations) pour conserver à peu de chose près cette moyenne pendant les années quatre-vingt. Aujourd'hui, les ordinations sont devenues des événements rares dans la plupart des diocèses. En 1996, l'ensemble du Québec comptait 127 séminaristes en formation (religieux compris).

À ce tarissement des vocations, il faut évidemment ajouter les *sorties*. Sujet encore tabou au début des années soixante, ce dernier phénomène deviendra familier dix ans plus tard. L'estimation de ses causes a beaucoup fait parler à l'époque où ses ondes de choc frappaient les imaginations. Passons outre aux raisons spectaculaires de quitter le clergé ou les communautés religieuses, celles que les médias ont le plus largement exploitées et qu'on relie facilement à la continence sexuelle exigée des ecclésiastiques. Il est pour le moins incongru, à ce propos, de s'imaginer que le mariage des prêtres résoudrait les problèmes de l'Église. Les engagements matrimoniaux, à ce qu'on sache, connaissent au Québec des taux de rupture qui n'ont rien à envier à ceux du monde clérical. Ajoutons que les responsables des institutions catholiques n'ont pas toujours été transparents à propos de ces sorties, laissant filtrer avec parcimonie l'information concernant les causes évoquées par les demandeurs de « sécularisation » et laissant croire, à leur corps défendant ou non, que la seule « bonne raison » de partir, pour un prêtre, était de le faire aux bras d'une femme. *La chair est faible.* Elle excuse facilement les hésitations à affronter d'autres réalités.

De fait, on peut penser – et le dire n'est pas dénigrement – que la crise du clergé a été beaucoup plus profonde que ce qu'en ont laissé deviner ses symptômes les plus visibles. Cette crise porte sur la crédibilité des institutions chrétiennes, concernant le rôle effectif du christianisme dans la culture. Commencée, au Québec, dans l'après-guerre, rien n'indique qu'elle soit aujourd'hui terminée. Dans un premier temps, face à l'effondrement de ses fonctions d'encadrement de la culture, l'Église s'est trouvée sans voix et sans moyens de réaction. Dans un acte de foi en l'avenir qui reste admirable mais sans véritable efficacité dans le présent, elle n'a pu que laisser faire. Elle a continué de miser sur ses structures institutionnelles pluriséculaires, colosses aux pieds d'argile, encore capables de susciter d'admirables engagements mais ébranlés par les sables mouvants de la modernité. *Une crise de crédibilité*

Dans le Québec des années soixante et soixante-dix, cette crise de crédibilité affectera en premier lieu les agents les plus actifs de l'institution catholique, ceux-là mêmes qui par leurs fonctions sont les plus réticents à faire étalage de leurs doutes et incertitudes. N'est-ce pas la raison pour laquelle certains d'entre eux ont attendu qu'un choc affectif vienne les obliger à passer à l'acte pour mettre au clair ce qui se tramait depuis longtemps dans leur for intérieur, consciemment ou inconsciemment ? Quoi qu'il en soit, la crise s'est manifestée d'au moins deux façons, attaquant d'une part les prêtres de paroisse et de collège et d'autre part les religieux non prêtres et les religieuses. Dans le premier cas, elle peut être liée au sens même du mot *vocation* tel que proposé par les générations précédentes : le Canada français a besoin de prêtres parce que l'Église est garante de son identité et de sa mission spirituelle dans le monde. Un tel sens de la vocation, certes, met de l'avant des impératifs spirituels, mais avant même d'être intériorisé par les intéressés, il concerne un projet social : il propose des fonctions et statuts valorisés. Or, la désaffection populaire rejaillit précisément sur ceux-ci. Prenant ses distances, s'accoutumant à des styles de vie étrangers à l'enseignement de l'Église, le peuple affirme implicitement qu'il n'a plus besoin de son encadrement. Dès lors se pose pour le clerc la question existentielle : ne serais-je pas *plus utile* ailleurs ? À mesure que se consolideront les acquis de la Révolution tranquille, certains avoueront ouvertement cette crise de conscience : pour eux, la dépendance à l'égard des structures d'Église – structures lourdes à faire bouger comme toute structure institutionnelle – est devenue un handicap ; elle freine un engagement social qu'ils voudraient plus radical et, surtout, plus efficace. Naguère une *force*, l'appartenance religieuse est désormais ressentie comme une *faiblesse*.

Chez les religieuses, hospitalières ou éducatrices, comme chez les frères éducateurs, cette conjoncture se présente d'une façon encore plus radicale. La prise en charge par l'État des écoles et des institutions de santé les désapproprie, collectivement, des projets sociaux qui caractérisaient leurs communautés. Les congrégations religieuses *actives* nées au cours des quatre derniers siècles, en Europe ou au Canada français, se proposent d'allier *idéal spirituel* et *idéal de service*, la radicalité de l'un faisant pair avec la radicalité de l'autre, comme l'ont montré certaines figures légendaires telle Marie de l'Incarnation. Avec ses exigences ascétiques, la vie spirituelle représente pour elles l'assise nécessaire pour un service du peuple voulu également le plus adéquat possible. Inutile d'insister ici sur les remarquables réussites qu'une telle alliance a permises. Dans les risques mêmes qu'il amène à prendre par rapport aux conventions sociales, ce service exigeant valorise aussi les individus. *De facto*, il devient à son tour une légitimation puissante de la vie communautaire, de ses contraintes et difficultés quotidiennes, de ses petites et grandes frustrations comme de ses réussites. Pour quelles raisons rester, dès lors que le projet social de la communauté passe en d'autres mains au nom même de l'efficacité poursuivie ?

Demeurent encore, objectera-t-on, les raisons les plus importantes, les spirituelles. Mais celles-ci ne finissent-elles pas par tourner sur elles-mêmes quand elles ne sont plus alimentées par les risques de l'action ? Une spiritualité exilée de l'engagement ne risque-t-elle pas de devenir abstraite ? N'est-ce pas le charisme particulier de l'idéal religieux que d'allier l'une et l'autre, que de les féconder mutuellement ? Tout le monde n'a pas la vocation à la seule contemplation.

De ce point de vue, la crise a beaucoup moins touché les communautés contemplatives, celles dont les règles sont considérées comme les plus exigeantes, tant chez les hommes que chez les femmes. Certes, dans les derniers siècles du christianisme, ces formes de vie religieuse ont toujours été quelque peu minoritaires comparées aux autres. Le recrutement des contemplatifs a été relativement faible et les ordres religieux contemplatifs ont souvent pratiqué une sélection implacable. La plupart d'entre eux, aujourd'hui encore, se renouvellent à un rythme comparable à celui d'autrefois : s'y retrouvent non seulement d'honorables têtes blanches, mais aussi des jeunes plus habitués aux jeans et T-shirts qu'à la componction cléricale. Certains procèdent même à de nouvelles fondations.

Quoi qu'il en soit, la crise du catholicisme des années soixante et soixante-dix va en marquer profondément les institutions. Épuisement des vocations et sorties vont se traduire par le vieillissement des cadres, le surmenage, le *burn out* face à des aspirations impossibles. Et surtout la grande question : « Pourquoi s'engager en Église ? » va continuer de se poser à tous ceux qui gravitent à proximité des noyaux de croyants les plus forts. Dans ce contexte, tout ne sera pourtant pas négatif. Dans le même temps que la désaffection semble se généraliser, des mobilisations d'intensité et de durée variables témoignent du remue-ménage des consciences. La crise se conjugue, alors, à une créativité

Une créativité paradoxale

73

paradoxale et parfois remarquable. Notons ici, pour mémoire, trois exemples.

*Le mouvement
catéchétique*

Dès le milieu des années soixante, le renouveau catéchétique propose une valorisation de l'expérience chrétienne, là même où l'enseignement religieux s'exerce traditionnellement sur le mode d'une transmission de savoirs légitimés par une autorité incontestable. Il inscrit dans l'école, avant que d'autres disciplines ne s'y mettent, une pédagogie expérientielle supposant que l'enfant *découvre* les réalités du christianisme dans sa propre vie plutôt que dans des propositions dogmatiques, par questions/réponses comme dans le petit catéchisme. Dieu, par exemple, y est proposé comme *Amour* à partir de l'expérience de l'amour, comme *Père* à partir de l'expérience du père, etc.

En 1964, la conception de la nouvelle méthode n'implique pas de transformer le *contenu* de l'enseignement, Elle propose un *nouveau langage*, une *adaptation* à des sensibilités nouvelles. Évidemment, l'introduction progressive des nouveaux manuels dans le système scolaire au cours des dix années subséquentes fera découvrir le côté utopique de l'entreprise. D'abord, l'expérience proposée à l'enfant ne correspond pas nécessairement à celle de son milieu familial et de son milieu paroissial. La catéchèse scolaire se révélera, pour beaucoup, en porte-à-faux par rapport aux parents et au clergé qui *n'y trouvent plus ce qu'ils ont eux-mêmes appris* et expérimentent, en conséquence, une rupture de tradition. Les institutrices et instituteurs, nouveaux détenteurs d'un savoir paradoxalement normatif, sont mis en position de catéchiser les parents et... le clergé[22]. Or leur compétence n'est pas toujours vérifiée. Il arrive qu'ils aient mal compris la méthode, voire que leurs convictions personnelles dérogent à l'enseignement proposé. Après tout, ils sont d'abord des fonctionnaires de l'éducation, et non des agents de l'Église. Certains auront tendance à prendre comme norme de leur enseignement leur propre expérience du catholicisme, positive ou négative. En introduisant la réalité de l'*expérience* dans l'enseignement religieux, on y fait donc entrer, sans beau-

74

coup de contrôles, des dimensions échappant à l'institution qui prône pourtant ce changement. Aussi ne faut-il pas s'étonner que la crise, plutôt que de s'atténuer, s'exacerbe. En 1974, sous la pression de débats prenant l'allure d'une « guerre des catéchismes », les évêques du Canada[23] mettent alors sur pied une commission d'étude composée de théologiens, de pédagogues et de sociologues, pour évaluer cette « nouvelle catéchèse » dont certains d'entre eux interrogeaient encore, après dix ans, le caractère authentiquement catholique.

Au tournant des années soixante-dix, le *mouvement communautaire* répond à un autre type d'attente. Prenant racine là où la vie sociale éprouvait profondément la dispersion des communautés naturelles, dans les villes, et là où le catholicisme subissait les assauts de la rationalité technique, dans les milieux intellectualisés, il veut répondre à la timidité des réformes institutionnelles. Ce mouvement s'inspire à la fois des *communautés de base*, dont les missionnaires rapportaient d'Amérique latine les échos de solidarité populaire, et des utopies de la *flower generation*. Ses membres tentent rien de moins que d'y *réinventer l'Église*, et parfois aussi d'y *réinventer la société*, luttant contre l'absurde d'un christianisme pauvre en solidarités et l'impasse d'une société exilant la quête de sens dans ses marges.

Les communautés de base

Les quelques centaines de communautés de base que compte le Québec dans les années soixante-dix prennent toutes les formes possibles : certaines acceptent le leadership d'agents ecclésiaux autorisés, d'autres se coupent de tout lien institutionnel. Certaines insistent sur l'approfondissement spirituel, d'autres sur la célébration joyeuse, d'autres encore sur l'engagement social. Certaines proposent des formules aussi simples et peu directives qu'une réunion d'étude hebdomadaire, d'autres vont jusqu'à la mise en commun des ressources matérielles, de l'habitat, des responsabilités éducatives, etc. Elles marquent parfois radicalement ceux qui en vivent l'expérience, contribuant à inscrire dans l'institution catholique un vocabulaire

75

nouveau, celui de la *communauté*. Ce terme s'est mis à y désigner, dès lors, tout partage d'une expérience pourvue d'une identité sociale spécifique. Bientôt les paroisses elles-mêmes, prises de court, s'autodésigneront *communautés chrétiennes*. Simple glissement de vocabulaire ? Tant s'en faut. Dans l'Église, une conscience nouvelle s'éveille de la nécessité d'un projet – une ecclésiologie – qui tienne compte des réalités sociales concrètes et des solidarités éclatées d'un monde qui s'enfuit.

L'effervescence charismatique

Dans un troisième temps, le *mouvement charismatique* mettra en scène un autre type d'expérience. Né lui aussi en dehors des traditions catholiques d'ici, dans les milieux pentecôtistes américains de l'entre-deux-guerres, il est d'abord introduit au Québec par des clercs qui en font la prédication itinérante. Malgré la défiance initiale de la hiérarchie, son succès est fulgurant : le nombre de « groupes de prières » passe de 45 à 301 entre 1973 et 1975[24], dans une expansion d'autant plus spectaculaire que leur effervescence symbolique présente des potentialités médiatiques inédites. Dans l'utopie qui lui est propre : réception des dons de l'Esprit, *parler en langue, guérisons*, ou plus simplement reconstitution de liens affectifs chaleureux, rétablissement de liens intergénérationnels perdus, le mouvement charismatique n'a jamais voulu changer le monde. Cependant, par les caractéristiques mêmes de ceux et celles qu'il attire, femmes âgées, clercs minorisés, jeunes aux prises avec l'insécurité, il prend un sens sociopolitique qui pour être paradoxal n'en est pas moins effectif[25]. Il offre des lieux d'identité et des lieux de parole à des catégories sociales dépourvues de pouvoir et désappropriées de leurs capacités symboliques traditionnelles.

À partir de 1975, même si ses congrès annuels attirent plusieurs dizaines de milliers de personnes, le mouvement charismatique s'intègre peu à peu aux structures ecclésiales officielles, sous forme de groupes de prières contrôlés par des agents ecclésiaux reconnus. Ce qui était au point de départ effervescence devient alors plus routinier, perdant

76

quelque peu sa force mobilisatrice pour acquérir un caractère institutionnel organique[26].

Malgré leur allure hétéroclite, les trois mouvements qui viennent d'être cités présentent plusieurs traits communs. Au cœur de la crise, ils proposent tous une utopie : retrouver *l'authenticité de la vie religieuse et l'inscrire dans le vécu*. Ils signent en cela l'acte de passage du catholicisme québécois à une modernité assumée et voulue.

Si leurs méthodes diffèrent, dans tous les cas ils font éclater les frontières de l'institution catholique et son imaginaire. Ils mobilisent les consciences dans une stratégie de reconnaissance de l'expérience des chrétiens. Ils y incorporent des éléments jusque-là inconnus ou marginaux : lectures bibliques, partages affectifs, appropriation du corps, émotion, voire extase. Ils s'inspirent tout autant de traditions exogènes qu'endogènes. Naïvement parfois, ils posent la question de l'identité du chrétien dans le monde non pas à partir de son appartenance institutionnelle, mais à partir de la vérité de ses attitudes et de ses engagements. Quoique fidèles à l'Église dont ils représentent parfois un idéal quelque peu romantique, ils échappent aux clercs. Quand ces derniers les rejoignent, ils le font aussi au nom d'une expérience rendue possible et dont autrement ils se sentent eux-mêmes désappropriés. Ils mettent le catholicisme québécois, héritage traditionnel, en face d'une évidence nouvelle : le vécu du christianisme est irréductible aux structures ecclésiastiques et politiques qui l'ont antérieurement porté. Les fidèles, autonomes, doivent s'approprier une religion qui ne saurait plus s'imposer.

Autrement dit, au moment historique où s'instaure une problématique de sortie du catholicisme institutionnel, émergent de nouvelles appropriations de ce dernier. Rendant poreuses les frontières instituées et obsolète la distinction clerc/laïc, de telles appropriations ouvrent des brèches dans le mur institutionnel et instaurent des transactions nouvelles entre l'intérieur et l'extérieur. C'est par elles et d'autres qui suivront que le catholicisme apprendra à s'inscrire dans cette culture qu'il ne contrôle plus.

77

Entre le silence et l'utopie, le marché du sens

« Un peuple, écrit Marcel Rioux, ne subit pas l'influence de l'Église catholique pendant quatre cents ans sans qu'en demeurent des traces profondes[27]. » Les mutations que nous venons de décrire nous mettent en présence d'une double dynamique, centrifuge et centripète. Dans le premier cas, s'observe un mouvement massif de désaffection dont les vagues emportent à peu près tout ce qui se présentait à l'origine comme un catholicisme de masse. Dans le second, devient manifeste un effort de renouvellement : attention portée aux questions fondamentales, redécouverte des origines, quête d'authenticité, création de communautés affectives, effort de définition d'un *projet* ecclésial qui fasse sens.

Du point de vue démographique, ces deux axes regroupent des quantités sans aucune mesure. Le très grand nombre des Québécois fait désormais partie de cet ensemble que les responsables des institutions catholiques appellent les *distants*. Leurs rapports aux sacrements, au clergé, à l'Église, sont devenus épisodiques et éphémères. Leurs connaissances religieuses, superficielles n'influencent pas leur vie quotidienne. Les normes et consignes morales formulées d'autorité leur semblent de plus en plus étranges, sans fondement et dignes d'un autre siècle. Rappelons le sort fait à *Humanæ Vitæ* (1968), encyclique traitant de la limitation des naissances.

En un temps très bref, le Québec passe d'un catholicisme de masse à une sécularisation massive. Les images anciennes qui définissaient une part de son identité en lui fournissant des mythes rassembleurs deviennent périmées. Mais l'attrait pour les mythes disparaît-il pour autant ? Le passage de la fidélité à l'indifférence représente-t-il vraiment une rupture ou ne traduit-il pas aussi une continuité ? L'indifférence, l'adaptation sans critique aux impératifs dits de la « modernité », voire la diffamation des valeurs anciennes, à priori, ne supposent pas davantage d'intériorisation et de liberté de jugement que la supposée soumission béate au catholicisme de masse l'exigeait. Si le conformisme d'autrefois ressemblait à de la servitude vis-à-vis d'une autorité ecclésiastique hors d'atteinte, celui d'aujourd'hui ne serait-il pas assujettissement à d'autres formes d'autorité, peut-être tout aussi capricieuses ? Ces questions ne peuvent être ignorées.

Quoi qu'il en soit, les institutions catholiques se sont *La mission propre* trouvées démunies face à la désaffection qui a suivi la Révolution tranquille. Pendant une dizaine d'années, elles furent pratiquement réduites au silence. Toute parole publique devenait en effet pour elles un piège, étant susceptible d'être retournée sous forme d'accusation d'ingérence indue dans la société civile. Recevant cette injonction de l'extérieur, mais en même temps sensible à celle du Concile qui la conviait au dépoussiérage, l'Église centra effectivement ses énergies sur sa *mission propre*. Dans les institutions civiles où elle continuait d'être présente, telle l'école et l'hôpital par exemple, institutions dont elle avait auparavant l'habitude de dominer les enjeux, elle se vit mise en demeure de prendre sa place, avec toutes les connotations qu'une telle expression peut impliquer. Elle y rencontra du même coup de paradoxales exigences. D'une part, ses agents durent faire la preuve de leur compétence par des diplômes universitaires, sous peine de se voir marginalisés ou exclus des équipes professionnelles[28]. D'autre part, ils durent développer la conscience de leur identité spécifique comme porteurs d'un message chrétien pouvant très bien ne pas être en harmonie complète avec les valeurs et les façons de faire nouvelles qui se mettaient en place.

Il faut dire aussi qu'au plus haut niveau, celui des évêques, les autorités religieuses ont alors bien assez de pain sur la planche avec des problèmes internes – désaffections et mobilisations comprises – requérant beaucoup d'énergie. Le nouveau style d'intervention, souhaité de tous, ne consiste plus à simplement défendre des intérêts (qu'il faut bien pourtant continuer de défendre), ni à prendre parti dans le débat public. Sur un mode nuancé et éducatif, il exige de se confronter à de grands enjeux de société tels la pauvreté urbaine, les inégalités économiques, le matérialisme, la violence, les rapports hommes–femmes, voire, un peu plus tard, le blocage social auquel se buteront les nouvelles générations. Ce nouveau style ne s'apprend pas en un tour de main. Il comporte des impératifs de compétence, de type technique, de façon à donner aux interventions une crédibilité dépassant celle qu'on attend de la générosité cordiale et de la pure protestation éthique. Renvoyées à elles-mêmes, de plus en plus ouvertement critiquées pour leurs actions passées, l'Église et ses institutions, même affaiblies, doivent dès lors donner à leurs interventions non seulement un nouveau style, mais aussi un nouveau contenu.

Un examen interne   Dans ce contexte, la fin de la Révolution tranquille inaugure un long travail d'examen et de clarification. Un des textes majeurs en ce sens est celui qui marque, en 1972, la fin des travaux de la Commission d'étude sur les laïcs et l'Église : *L'Église du Québec, un héritage, un projet*[29]. Après avoir analysé les inquiétudes, angoisses, critiques et attentes, en bref l'héritage « à interroger », la commission présidée par le sociologue Fernand Dumont ouvre la question, nouvelle à cette époque, d'un « projet » ecclésial dans une société devenue autonome à l'égard des structures de chrétienté. Elle parle alors de « nouveaux chantiers », de diversité et de concertation, d'engagement « missionnaire » non plus seulement envers les païens d'ailleurs mais sur le terrain même du Québec. Elle remet en lumière l'importance des sources de la foi, tant pour la liturgie, controversée dans ses changements souvent mal expliqués aux fidèles, que pour l'éducation chrétienne à l'école devant son avenir incertain. Elle passe en revue le statut ambigu des « communautés chrétiennes » (entendre : des paroisses) menacées de devenir exsangues, et interroge le rôle des laïcs en leur sein. Enfin, elle met en cause les structures organisationnelles de l'institution. Le titre même de l'ensemble du document traduit bien la problématique de sa réflexion : un héritage, un projet. Bref, sensible à la rupture que vit le Québec, le rapport ne boude en rien l'exigence de modernité qui consiste, pour chacun, à faire sa place. Il indique simplement que cette exigence n'a pas de sens quand elle se coupe de son histoire, ou quand elle est incapable d'assumer un projet humain porteur d'identité.

Il y a donc ici un véritable travail de remise en question. Commencé depuis déjà longtemps, à vrai dire, puisque les Grandes Missions, sur le plan diocésain ou régional, l'avaient déjà entrepris avec à peu près les mêmes méthodes et dans le même esprit : l'enquête (rigoureuse, appuyée de techniques éprouvées), la concertation des forces vives, l'évaluation des expériences en cours, enfin la formulation d'objectifs rassembleurs. De même, à travers les mobilisations de la catéchèse scolaire, de l'esprit communautaire, de l'effervescence, ses engagements auprès des plus démunis, sa volonté de donner place aux laïcs, son accueil des revendications des femmes, son ouverture théologique, cette Église continuera de se remettre en question, parfois, douloureusement. Ce travail, cependant, ne suffira pas à contrer les effets de la désaffection. L'Église aura, pour longtemps encore – et cela malgré le catholicisme nominal qu'affichent la très grande majorité des Québécois qui continuent d'être baptisés, de se marier et de recevoir une sépulture chrétienne –, beaucoup de difficultés à montrer un visage positif. Quels que soient les modes selon lesquels ses agents et ses noyaux de fidèles engagés se définissent eux-mêmes, ils continueront longtemps d'être perçus à travers la dénonciation des excès présumés ou réels d'autrefois : obscurantisme, autoritarisme, totalitarisme. Il faut dire aussi que les nouveaux engagements, pris au nom de l'*idéal* évangélique, contreviennent également, parfois, aux valeurs et modes qui ont remplacé celles d'autrefois. Ils s'accordent mal, en tout cas, aux exigences d'une société réglée essentiellement par les lois du marché. Ils représentent alors davantage une *utopie*, dans les meilleurs cas saluée comme courageuse mais jugée du même coup irréalisable, qu'un projet de société susceptible de soulever l'enthousiasme des foules.

81

Au milieu de la décennie soixante-dix, avec une certaine timidité, les évêques recommencèrent alors à prendre collectivement le risque d'une parole publique d'un nouveau style. Dans leur message de la Fête du travail de 1976, par exemple, ils dénoncèrent l'appauvrissement de catégories nouvelles de population. Puis ils récidivèrent dans d'autres messages, construisant petit à petit une nouvelle théologie de leur action. En 1983, cette sensibilité sociale se traduisit déjà par une prise de position économique ferme, en faveur d'une politique de plein emploi, malgré le fait que celle-ci puisse provoquer des effets inflationnistes sur le marché. Ils le firent au nom de ce qu'ils désignèrent comme un humanisme (une prise de position en faveur de l'*humain* plutôt qu'en fonction des seuls mécanismes socio-économiques) dont la promotion est inhérente à la mission propre du christianisme. Inutile d'insister sur la réception de ce message. Classe politique en tête, leaders économiques et médias, avec une belle unanimité digne des beaux jours d'autrefois, s'entendirent pour leur faire savoir, littéralement, qu'*ils n'y connaissaient rien.* Seuls quelques leaders syndicaux, notoirement loin des gens d'Église, soumirent que peut-être, en effet, y avait-il là un vrai problème.

En 1984, la visite du pape remettra en scène les ambiguïtés des rapports entre l'Église et la société. Cet événement, certes, fut un succès de foule remarquable. Partout ont été célébrés le «charisme» pontifical, la facilité de communication, la disponibilité, la simplicité et la bonhomie du personnage. «Tout a baigné dans l'huile», ne manquèrent pas souligner les journalistes quelque peu médusés par un tel retour d'influence d'une institution dont le peuple, par ailleurs, semblait se désintéresser. Pourtant, même un événement comme celui-là comporte ses ambiguïtés. Au-delà de l'effervescence autour de l'«homme extraordinaire», au-delà de la mise en scène remarquable de la bonté pontificale, quel message a pu être retenu? Quels effets à moyen terme l'événement a-t-il provoqué dans l'Église elle-même? Certains prêtres et responsables de pastorale n'ont pas manqué de craindre, sinon de déplorer ouvertement, que l'émotion engendrée par la fête populaire ne fasse oublier les années de long et ardu travail de conscientisation, sociale et religieuse, poursuivies avec des moyens toujours insuffisants. Et le pape lui-même n'a-t-il pas, dans ses homélies, tenu un discours à forte densité *kérigmatique* plutôt que *catéchétique*, comme s'il annonçait les rudiments de la foi chrétienne à un peuple qui ne les connaissait pas ? Ses positions socio-économiques courageuses, telles qu'énoncées dans les discours de Flat Rock et d'Edmonton, positions sans l'ombre d'un doute conformes à celles de l'épiscopat québécois, ont-elles seulement été entendues, tant des leaders d'opinion que du grand public[30] ?

Hormis quelques manifestations ponctuelles, le décalage entre la vie ecclésiale et la vie sociale semble désormais irréversible. Quelles que soient ses positions, quel que soit son message, l'Église devient un producteur parmi d'autres sur le marché du sens. Dès lors, elle affronte un dilemme. Ou bien jouer le jeu de ce marché et présenter à ses clients, fidèles ou itinérants, des produits supposés satisfaire leurs besoins. Ou bien tenter de recréer de véritables solidarités dans la foi et accepter de voir se réduire le nombre des fidèles. Dans le premier cas, cela veut dire jouer le jeu de la séduction : tenter de rendre ses produits alléchants et accessibles au meilleur prix, si possible avec un minimum d'efforts. Pour beaucoup de responsables, mal à l'aise avec de telles stratégies, cela s'appelle l'*Église-service* dont les impératifs, incontournables, accaparent la plus grande partie du temps et des énergies. Dans le second cas, cela veut dire s'astreindre à de difficiles prises de conscience, à un travail, sans cesse à reprendre, d'éducation et d'approfondissement des données essentielles de la foi chrétienne, et au développement d'une *culture de solidarité* que les évêques n'ont pas hésité à mettre de l'avant dans ce qu'ils ont appelé, en 1988, l'« option pour les plus pauvres », mais qui, aujourd'hui comme hier, ne mobilise pas les masses.

La rupture
Église – société

Ce dilemme – nous y reviendrons au prochain chapitre – forme la base des défis majeurs que devra désormais affronter le catholicisme québécois.

Aujourd'hui, le cloisonnement des comportements, la solitude dans les itinéraires spirituels, toutes ces caractéristiques des sociétés modernes qui relèvent de la compétition exigée de chacun contre tous et qui favorisent l'individualisme jouent désormais contre une formation religieuse qui prêche l'importance de la communauté et la solidarité. Ce catholicisme qui se veut « sel de la terre », selon ses sources évangéliques elles-mêmes, ne peut plus prétendre encadrer, comme autrefois, la vie sociale et morale des individus, ni se transmettre avec le lait maternel. Ici comme ailleurs, « la transmission de la foi n'est plus héréditaire[31] ». Quand il existe, le rapport à l'Évangile devient de plus en plus personnel. Aussi, les institutions d'Église ont-elles parfois tendance à se fermer sur elles-mêmes, à parler le langage des initiés tout en protestant de leur volonté de s'adresser à tous, entérinant des comportements « religieux » plus ou moins séparés des autres réalités humaines. Jamais, dans les sermons, la place de la religion dans l'ensemble de la vie n'a-t-elle été si souvent évoquée. Jamais la *communauté* n'a-t-elle été davantage glorifiée. Sans doute souligne-t-on alors ce dont le manque est le plus flagrant. Cruelle pour les institutions, cette crise ne provient pas d'une méchanceté particulière qui aurait enhardi les humains à se révolter contre les tutelles religieuses. Elle découle plutôt des difficultés, éprouvées par les hommes et les femmes d'aujourd'hui, quand ils cherchent à intégrer leurs divers intérêts et conduites pour assumer leur existence et lui donner du sens.

En 1964, Fernand Dumont appelait déjà à une nécessaire *conversion de la pensée chrétienne*.

> En devenant ainsi une cellule, parmi d'autres, de l'existence humaine, écrivait-il, la religion risque d'être sans racine, un élément artificiel et étranger. La tradition peut paraître l'englober encore. Mais comme cette tradition est, elle-même, sans lien organique avec le fonctionnement global de la struc-

ture sociale, elle cesse d'être vivante et se mue en confor-misme[32].

Ce trait du monde religieux contemporain n'est pas pro-pre au Québec. Partout, la conversion qu'il commande devient plus urgente que jamais.

En effet, ce que la tradition paraissait englober encore en 1964 est devenu, aujourd'hui, *vestige*. La mémoire n'en est pas complètement perdue mais blessée, mise en exil, refoulée comme une histoire qui ferait plus ou moins honte. En conséquence, le conformisme catholique – ou du moins ce qu'on considère tel – a été remplacé par un conformisme séculier du même type. Certes, ce dernier laisse place à toutes les expériences religieuses possibles. À priori, il n'empêche rien. Contrairement aux autorités d'autrefois, il ne dispose d'aucune loi, d'aucune tradition qui lui per-mettrait de privilégier certaines quêtes spirituelles plutôt que d'autres. Sa seule loi est celle du marché : est bon et désirable tout ce qui peut sembler répondre à des besoins. À charge, donc, aux individus, dans l'intimité plus ou moins attestée de leur vie privée, de définir ces besoins, et à charge aux producteurs et diffuseurs de *biens de salut*, d'offrir ce qui peut les satisfaire.

L'éclatement de l'univers religieux québécois en une multitude de nouveaux mouvements religieux, souvent appréhendés comme sectaires par ceux qui leur sont étran-gers, n'a pas d'autre source. Ces groupes – le *Centre d'in-formation sur les nouvelles religions*[33] en recense, bon an mal an, pas loin d'un millier – comptent relativement peu d'adhérents. Ajoutés aux noyaux de fidèles non seulement pratiquants mais engagés activement dans la vie de l'Église, l'ensemble ne représente pas plus de 5 % de la population. Ils attestent pourtant que les *quêtes de sens*, encore aujourd'hui, sont loin d'être mortes puisque des croyants continuent d'y vouer une part importante de leur vie. Ils montrent en même temps que la *confession* de cette quête de sens par des institutions, des groupes ou des individus capables de prendre le risque du débat public, est devenue très minoritaire.

85

Pour la très grande majorité des Québécois restés des catholiques nominaux mais sans engagement religieux particulier ni dans l'Église ni ailleurs, la quête de sens prend d'autres voies. Voici quelques années l'expression *religion à la carte*[34] a voulu caractériser ce phénomène. Exposé aux vitrines du sens que lui offre un marché religieux ouvert, chacun prend ici et là ce qui lui convient, comme dans un menu de restaurant. Nous préférons pour notre part parler d'*itinéraires de sens*[35] parce que nous nous sommes rendu compte, en étudiant les croyances des Québécois (et non seulement leurs affiliations religieuses explicites), qu'il y avait là beaucoup plus qu'un phénomène de consommation. Une véritable dynamique de la quête de sens, à l'évidence hors du contrôle des institutions religieuses, traditionnelles ou nouvelles, mais non moins réelle, habite aussi la masse des autres. Dans les nouvelles générations tout au moins, les distants qui ne se réfèrent qu'épisodiquement à l'Église ont perdu toute notion de la culture catholique que celle-ci diffusait. Cela ne veut pas dire que la quête spirituelle leur est étrangère. Nous reviendrons sur cette question au prochain chapitre.

Disons simplement ici que cet éclatement des croyances pose aux institutions catholiques un défi bien particulier : les frontières des appartenances deviennent de plus en plus poreuses. Par exemple, nos enquêtes ont montré qu'environ le quart de la population reconnaît le caractère plausible de la réincarnation. Or 16 % d'entre eux se déclarent catholiques pratiquants. Même parmi les noyaux de fidèles sur lesquels comptent les paroisses, des croyances ésotériques, généralement associées au Nouvel Âge, viennent coloniser les représentations religieuses traditionnelles[36]. Affrontées à ces phénomènes, les autorités ecclésiastiques n'ont souvent d'autre recours que d'assister à la montée en force d'autres autorités, parfois bien plus efficaces qu'elles. Ces dernières présentent au public le plus vaste des attitudes et des comportements dotés de vraisemblance du seul fait de leur diffusion par les médias. Par ailleurs, il arrive aussi que les actes de foi chrétiens désertent les institutions religieuses. Ils se retrouvent alors dans les endroits les plus excentriques, notamment dans les quarts mondes urbains où s'engagent effectivement, souvent au nom de convictions profondes mais sans étendards, sans demander à qui que ce soit leur carte d'identité confessionnelle, des croyants devenus eux aussi hors contrôle.

* * *

Bref, le catholicisme québécois fait face, aujourd'hui, à une *dérégulation* du monde religieux. L'observation de ces vitalités paradoxales[37] nous empêche cependant de conclure sans plus de nuances au passage d'un *catholicisme de masse* à une *sécularisation de masse*. Une telle conclusion reste cependant valable si on considère, avec les sociologues contemporains, que la sécularisation représente une prise de distance, une « autonomisation progressive de secteurs sociaux qui échappent à la domination des significations et des institutions religieuses[38] ». La sécularisation ainsi comprise, en effet, ne contredit pas le pluralisme, l'éclatement, ni l'effervescence du religieux. Au contraire, elle les entretient. La mise en marché des biens de salut, notamment des croyances, ne peut en effet que bénéficier de l'effondrement des contrôles traditionnels : elle renvoie chacun à la concurrence avec les autres, à l'impératif de produire davantage, et à meilleur prix, des biens accessibles à un plus grand public.

Nous l'avons vu, le catholicisme et la référence à l'Église restent, pour les Québécois, les éléments d'une culture primordiale, quelles que soient par ailleurs leurs positions de croyants et de pratiquants. Ils représentent une référence identitaire de dernière ligne. Mais cette référence identitaire n'influence pas nécessairement la conduite de la vie quotidienne, où bien d'autres influences ont pris le relais. D'ailleurs, produit culturel au sens large plutôt que religion au sens strict, le catholicisme est lui-même devenu, certes à son corps défendant, une réalité de marché et une réalité mass-médiatique plutôt qu'une réa-

Une question de culture

87

lité communautaire. L'absence de sentiment de déviance chez bien des catholiques, pratiquants ou nominaux, est de ce point de vue tout à fait significative. Ils intègrent dans leur système de référence, voire dans leur spiritualité, des éléments étrangers et, parfois, contradictoires par rapport à leur tradition, tout en se jugeant toujours catholiques. Les autorités qui président aux choix qu'effectuent les fidèles sécularisés dans leurs quêtes de sens ne sont plus celles du Magistère. D'autres voix, désormais, *font* magistère.

Question de culture, le catholicisme québécois intègre non seulement sa propre tradition mais contribue à diffuser des valeurs ne lui appartenant pas en propre. Tels sont la *paix*, la *tolérance*, la *liberté*, l'*accueil*, le *respect de l'environnement*, la *réalisation de soi*, le *progrès*. Dans bien des cas, ou du moins dans l'acception concrète qu'elles reçoivent de la part de certains acteurs, ces valeurs peuvent même sembler assez éloignées de ses traditions. Elles forment le substrat d'un humanisme de bon aloi et elles se proposent, à ce titre, comme panacées universelles. Et par là même, elles acquièrent une *catholicité* qui les identifie tout naturellement au discours de l'institution chrétienne.

En intégrant ainsi ce qui est jugé fondamental pour l'avenir du monde, le catholicisme québécois, religion d'appartenance mais non pas religion d'engagement, représente alors *l'entente nécessaire sur l'ensemble des valeurs capables de rassembler les êtres humains*. C'est en ce sens très précis – et très extensible dans son contenu – que nous pouvons en parler comme d'un catholicisme culturel. Il fonctionne ainsi, notamment, dans les institutions scolaires. Dans ce contexte, cependant, il ressemble de plus en plus à un catholicisme sans Église, sans communauté de foi et sans identité qui lui soit propre.

Son défi majeur devient celui de sa différence spécifique, de sa vérité comme communauté ecclésiale. Que peut-il apporter d'autre à la culture que ce que la culture offre déjà, dans la diversité de ses productions ? Quels sont ses modes d'inscription spécifiques ?

1. « Sur notre situation religieuse », *Relations*, nº 302, février 1966, p. 36-38.

2. Fernand Dumont a évoqué et analysé cette opposition dans un article déterminant des années soixante : « Structure d'une idéologie religieuse », *Recherches sociographiques*, vol. 1, nº 2, avril-juin 1960, p. 161-187.

3. *Le Bill 60 et la société québécoise*, Montréal, Éditions HMH, Aujourd'hui, 1967, 193 p.

4. *Ibid.*, p. 16.

5. « Situation de la laïcité », dans Jacques Mackay *et al.*, *L'école laïque*, Montréal, Éditions du Jour, 1961, p. 50-59.

6. Paul Gérin-Lajoie, *Pourquoi le Bill 60 ?*, Montréal, Éditions du Jour, 1963, p. 28.

7. Léon Dion, *op. cit.*, p. 16.

8. Paul Gérin-Lajoie, *op. cit.*, p. 99.

9. *Communiqué de l'épiscopat du Québec sur l'éducation*, 11 juin 1963.

10. *Lettre de transmission de la position des évêques au gouvernement*, signée par Mᵍʳ Maurice Roy, 29 août 1963.

11. *Lettre de Mᵍʳ Maurice Roy*, 12 décembre 1963.

12. Léon Dion, *op. cit.*, p. 138-139.

13. Marc-André Lessard et Jean-Paul Montminy, « Les religieuses au Canada : âge, recrutement et persévérance », *Recherches sociographiques*, vol. VIII, nº 1, janvier-avril 1967, p. 15-48.

14. Voir notamment Émile Poulat, *Église contre bourgeoisie. Introduction au devenir du catholicisme actuel*, Paris, Casterman, 1977, 290 p., dont plusieurs éléments peuvent éclairer l'histoire québécoise récente, ainsi que, du même auteur, *Modernistica : horizons, physionomies, débats*, Paris, Nouvelles Éditions latines, 1982, 310 p.

15. Louis Lachance, *La lumière de l'âme*, Montréal, Éditions du Lévrier, 1955, p. 12 (italiques dans l'original).

16. « Pratique religieuse dominicale du Grand Montréal », *Église de Montréal*, vol. 125, juillet 1966, p. 27-28.

17. En 1984, le sondage cité donne les taux suivants, pour la pratique dominicale : 20 % chez les 18-24 ans ; 30 % chez les 25-34 ans ; 38 % chez les 45-54 ans ; 55 % chez les 55-64 ans et, enfin, 69 % chez les aînés.

18. Les taux par région sont les suivants : Amiante : 23 % ; Charlevoix : 22 % ; Chaudière : 25 % ; Lotbinière–Bois-Francs : 17 % ; Lorette : 9 % ; Louis-Hébert : 9 % ; Laurentides : 10 % ; Orléans : 13 % ; Portneuf : 20 % ; Québec-Centre : 12 % ; Rive-Sud : 15 %. Source : Viviane Côté et Jean Picher, « Recensement de la pratique dominicale. Rapport préliminaire », Québec, 19 janvier 1993, tableau récapitulatif.

19. Ailleurs au Canada, toutes les confessions historiques ont connu une baisse comparable dans la même période : la pratique est passée de 60 % à 27 % chez l'ensemble des protestants, de 79 % à 49 % chez les catholiques hors Québec. Si la chute y a été moins spectaculaire, c'est que d'une façon générale on est parti de moins haut et que la position sociale des diverses confessions, dans le reste du Canada, n'a jamais été analogue à celle du catholicisme québécois d'avant les années soixante.

Notes

89

20. Voir à ce propos Micheline Milot, *Une religion à transmettre ? Le choix des parents. Essai d'analyse culturelle*, Québec, Presses de l'Université Laval, 1991, 165 p.

21. Sources : Assemblée des évêques du Québec, « Statistiques sur les prêtres du Québec », 1996 ; Jean-Yves Garneau, « Le Jubilé de l'an 2000 et la vie religieuse », *La vie des communautés religieuses*, mars-avril 1998, p. 107.

22. Raymond Lemieux, *L'enseignement catéchétique à l'élémentaire dans le Diocèse de Québec*, Québec, Centre de recherches en sociologie religieuse, 1970, 330 p.

23. Les nouveaux catéchismes, également publiés en anglais, se diffusaient même aux États-Unis.

24. Jacques Zylberberg et Jean-Paul Montminy, « Reproduction socio-politique et production symbolique : engagement et désengagement des charismatiques catholiques québécois », *The Annual Review of the Social Sciences of Religion*, vol. 4, 1980, p. 138.

25. Jacques Zylberberg et Jean-Paul Montminy, « L'Esprit, le pouvoir et les femmes. Polygraphie d'un mouvement culturel québécois », *Recherches sociographiques*, vol. XXII, n° 1, janvier-avril 1981, p. 49-103.

26. Jean-Paul Montminy et Jacques Zylberberg, « Soumission charismatique : thanatologie d'un mouvement sacral », dans Jean-Paul Rouleau et Jacques Zylberberg (dir.), *Les mouvements religieux aujourd'hui. Théories et pratiques*, Montréal, Bellarmin, Cahiers de recherches en sciences de la religion, vol. 5, 1984, p. 283-297.

27. Marcel Rioux, *Les Québécois*, Paris, Seuil, Microcosmes, 1980, p. 44.

28. Ce qui amena les universités à développer, devant ces nouveaux marchés, des programmes de « pastorale clinique » pour les aumôniers d'hôpitaux et d'« enseignement religieux » pour les professeurs de catéchèse.

29. Voir principalement le rapport proprement dit : Commission d'étude sur les laïcs et l'Église, *L'Église du Québec, un héritage, un projet*, tome 0, Montréal, Fides, 1971, 223 p. Le rapport de la Commission Dumont comprend cinq autres volumes, dont un rapport synthèse (tome 00) et quatre volumes d'études particulières : vol. 1, *Histoire de l'Église catholique au Québec (1608-1970)*, par Nive Voisine avec la collaboration d'André Beaulieu et de Jean Hamelin, Montréal, Fides, 1971, 112 p. ; vol. 2, *Histoire de l'Action catholique au Canada français*, par Gabriel Clément, Montréal, Fides, 1971, 331 p. ; vol. 3, *Croyants du Canada français 1. Recherches sur les attitudes et les modes d'appartenance*, Montréal, Fides, 1971, 141 p. ; vol. 4, *Croyants du Canada français 2. Des opinions et des attentes*, Montréal, Fides, 1971, 303 p.

30. Sur la visite du pape et son contexte québécois, on pourra consulter nos articles publiés à l'époque : « Message et médium : le voyage de Jean-Paul II au Canada », dans Paul Ladrière et René Luneau (dir.), *Le retour des certitudes. Événements et orthodoxie depuis Vatican II*, Paris, Le Centurion, 1987, p. 88-102, de même que « Charisme, mass media et religion populaire. Le voyage du Pape au Canada », *Social Compass*, vol. XXXIV/ n° 1, 1987, p. 11-31.

31. Georges Hourdin, *Le vieil homme et l'Église*, Paris, Desclée de Brouwer, 1998, p. 19.

32. Fernand Dumont, *Pour la conversion de la pensée chrétienne*, Montréal, HMH, 1964, p. 86.

33. 8010, rue St-Denis, Montréal, H2R 2G1. Le Centre publie notamment le bulletin trimestriel *Ouvertures*. Parmi les publications récentes émanant du Centre, signalons Richard Bergeron, *Vivre au risque des nouvelles religions*, Montréal, Mediaspaul, 1997, 267 p.

34. Reginald Bibby, *La religion à la carte*, Montréal, Fides, 1988, 382 p. Traduction de *Fragmented Gods. Poverty and Potential of Religion in Canada*, Toronto, Studdart, 1987, 310 p.

35. Patrick Michel, « Pour une sociologie des itinéraires de sens : une lecture politique du rapport entre croire et institution », *Archives de sciences sociales des religions*, 82, « Croire et modernité (suite) », avril-juin 1993, p. 223-238.

36. Alain Bouchard, « Les croyances ésotériques : une reconstruction ludique du sacré », dans Raymond Lemieux et Micheline Milot, *Les croyances des Québécois. Esquisses pour une approche empirique*, Québec, Cahiers de recherche en sciences de la religion, vol. 11, 1992, 295-324.

37. Nous renvoyons à notre article sur le sujet : Raymond Lemieux et Jean-Paul Montminy, « La vitalité paradoxale du catholicisme québécois », dans Gérard Daigle (dir.), *Le Québec en jeu. Comprendre les grands défis*, Montréal, Presses de l'Université de Montréal, 1992, p. 575-607.

38. Peter Berger et Thomas Luckmann, « Aspects sociologiques du pluralisme », *Archives de sociologie des religions*, n° 23, janvier-juin 1967, p. 118.

3

Des défis, d'aujourd'hui à demain

> *Une nouvelle culture, qui affirme la consistance et l'auto-*
> *nomie des réalités humaines et terrestres, est en voie*
> *d'élaboration. Les maîtres à penser sont de partout et par-*
> *lent fort. L'Église n'est plus qu'une voix parmi d'autres.*
> ASSEMBLÉE DES ÉVÊQUES DU QUÉBEC[1]

Nous n'aurons pas la prétention de jouer aux futurolo-
gues ou aux prophètes. Loin de nous l'idée de prédire ce
que sera le catholicisme québécois du troisième millénaire,
ou du XXIe siècle, voire seulement de l'an 2010. Pourtant,
l'avenir est plein d'interrogations. Si le catholicisme québécois est largement devenu une question de culture, le
monde sécularisé dans lequel il prend place ne finira-t-il
pas par l'avaler, ou tout simplement l'oublier, sinon le re-
jeter? Sans prendre le risque de réponses péremptoires à
cette question, il s'avère cependant nécessaire et possible,
à partir de l'histoire précédemment évoquée, d'établir un
certain nombre de balises permettant d'affiner nos discer-
nements. Quels sont les *projets* possibles pour les *héri-*
tiers du catholicisme québécois?

Il y a peu de place pour les jugements absolus en histoire, ce qui n'empêche d'y reconnaître la créativité, le
courage ou même les faits d'armes éclatants à l'occasion.

93

Si notre regard sur le futur prétend à quelque rigueur, n'a-t-il pas avantage à imaginer l'avenir, lui aussi, en tons nuancés ? À quelle fertilité peut prétendre le christianisme d'ici ? Quelles contraintes, quelles limites, quels obstacles doit-il craindre, comment ses projets peuvent-ils être à la fois créatifs et vraisemblables ? Comment ses fidèles peuvent-ils continuer de croire à la pertinence d'une action dans le monde sur la base de leurs convictions, c'est-à-dire dans une *foi* qui soit une voie de salut pour l'humanité ? Quels défis doit-il relever, dans le temps présent et dans un avenir rapproché, pour poursuivre sa mission et donner vie au meilleur de ses traditions ?

L'ensemble de ces défis pourrait fort bien s'intituler : *Limites et possibilités du christianisme québécois en l'an 2000.* Un défi, en effet, suppose des incertitudes, des risques, mais aussi un idéal, des engagements. Nous n'entendons pas proposer des solutions aux problèmes du christianisme à la place de ceux qui animent ses communautés, s'engagent en leur sein ou agissent en son nom. Cependant, il est possible de réfléchir aux défis qu'ils pourront affronter, d'autant plus que ces défis, la plupart du temps, ne sont pas exclusifs au catholicisme d'ici. Exacerbées par les avancées d'une technologie parfois hors contrôle, survoltées par la mondialisation des marchés et la diffusion universelle des modes de vie de l'Occident, les transformations contemporaines de la culture créent de toutes nouvelles conditions à l'inscription du christianisme dans le monde, et non seulement au Québec. On ne saurait donc, ici, se réfugier dans la bulle d'une destinée particulière. Les histoires singulières, les identités, les projets, se profilent dans un horizon qui s'estompe plutôt qu'il ne s'impose. Il faut considérer l'avenir en portant le regard bien au-delà des frontières conventionnelles, québécoises, canadiennes, américaines, voire occidentales.

Dans ce chapitre, nous introduirons donc les défis qui nous semblent les plus évidents à partir de trois séries de questions à propos desquelles il est impossible, désormais, de pratiquer la procrastination. Le premier ensemble concerne précisément la fugacité des repères possibles pour l'identité de ceux qui se disent catholiques, étant donné les difficultés contemporaines des rapports du christianisme à la culture. Cette dernière, en effet, est aujourd'hui éclatée, réglée par les marchés plutôt que par les traditions. Les institutions traditionnelles du sens s'y trouvent ébranlées, incapables d'encadrer les populations comme elles le faisaient autrefois. Quelle est donc la réalité contemporaine du catholicisme dans cette culture éclatée ? Quels sont les enjeux de ses débats, à l'intérieur et à l'extérieur des Églises ? Quelles en sont les faiblesses, quelle en est la vitalité ? La culture catholique est-elle aussi dépassée, caricaturale, que certains le prétendent ? Le deuxième ensemble concernera davantage les rapports entre les institutions chrétiennes et les subjectivités croyantes. Comment être encore catholique ? Les croyants ne se trouvent-ils pas isolés, orphelins, lancés sur des routes trop incertaines pour être attrayantes ? Nous rencontrerons alors la question générale de l'*identité du chrétien* dans un monde qui ne l'est pas. Le troisième ensemble, enfin, se rapportera à la définition même de la mission du christianisme dans ce monde, à ses difficultés et à ses ambiguïtés, aux moyens dont ses institutions disposent, à ceux qui leur sont refusés, aux culs-de-sac et aux ouvertures qu'il peut rencontrer. Peut-il intégrer les valeurs de la modernité avancée en respectant l'essentiel de ses traditions ? Peut-il affirmer sa foi sans l'imposer, sans faire violence à ceux qui pensent autrement ? Comment peut-il négocier son rapport aux autres, croyants et incroyants ?

Les repères évanescents

Quand ils parlent de religion, les Québécois dits *de souche* se réfèrent spontanément au catholicisme. Un catholicisme qui, cependant, est pour la plupart devenu lointain. Qui n'a pas entendu, lors d'une célébration de mariage ou de funérailles, par exemple, quelqu'un s'exclamer «Comme ça a donc changé !». La personne en question ne se réjouit ni ne se plaint. Elle constate simplement que là aussi, même dans l'Église, les rituels considérés fixes pour l'éternité ont pris des couleurs et des accents étranges. Les repères d'antan ont disparu. Il s'en est passé des choses en trente ans... Un malaise évident subsiste.

À cause des particularités du système scolaire, pratiquement tous les Québécois francophones ont connu le catholicisme dans leur enfance. Cette connaissance, cependant, est le résultat d'une initiation *scolaire*, axée sur des connaissances à intégrer plutôt que sur un engagement personnel. Les communautés d'engagement, telles les paroisses, y ont bien sûr joué un rôle en ce qui concerne la pratique des sacrements, mais rarement davantage. Pour les 60 ans et plus, la rupture culturelle par rapport à ce catholicisme reçu s'est faite alors qu'ils étaient de jeunes adultes. Beaucoup ont alors rompu avec la pratique, sans que cela transforme substantiellement la conduite de leur vie. Ils ont tout simplement pris l'habitude de l'éloignement vis-à-vis des institutions d'Église. La génération qui a connu dès l'adolescence le climat de crise entourant le catholicisme des années soixante-dix a hérité, elle, des attitudes critiques et de la distance prise par ses aînés. Quant aux plus jeunes, ceux qui ont aujourd'hui 20 ans, la plupart ont continué de recevoir l'éducation catholique élémentaire, toujours par le biais de l'école, mais sans résonnance pratique ailleurs, ni dans la famille, ni dans les milieux d'insertion sociale, ni dans les communautés chrétiennes devenues lointaines.

Marginalisation de la culture religieuse   La pratique religieuse est évidemment la première mesure de cette distance. Il n'est pas interdit de penser que les taux globaux évoqués précédemment n'ont pas encore atteint leur plancher. Ils sont en effet liés au caractère urbain ou rural de la population, de même qu'à l'âge et à la mobilité personnelle. Point n'est besoin d'être grand clerc pour prédire qu'ils parviendront bientôt à des moyennes au-dessous de 10 %, même dans les régions « bien conservées ». Si la tendance se maintient, la *culture catholique* s'étiolera vraisemblablement encore dans la *culture commune* des Québécois. La familiarité avec les rites, les idéaux, les mots d'ordre moraux et les doctrines catholiques risque aussi de devenir peau de chagrin.

De toute évidence, la culture religieuse se trouve donc marginalisée en tant que référence pour la vie quotidienne. Les institutions religieuses ne possèdent plus les moyens d'encadrer les façons de pensée et d'agir des citoyens, comme elles pouvaient le faire autrefois. Cette marginalisation, d'ailleurs, ne s'applique pas seulement aux catholiques. Au contraire, on l'observe partout dans l'Occident contemporain. L'encadrement moral et culturel des populations provient d'ailleurs. Les modèles de participation sociale et les préoccupations de la conscience citoyenne se déterminent autrement, à travers des enjeux économiques ou politiques, dans des idéaux de production ou de consommation, par des soucis émotionnels ou rationnels. Quoi qu'il en soit, ces préoccupations sont séculières. La régulation sociale et culturelle est assurée par d'autres institutions que les institutions religieuses : l'école pour les apprentissages à intégrer, mais surtout le monde du travail, celui des loisirs et, de plus en plus, celui des médias qui véhiculent, côte à côte, informations et divertissements, quand ce n'est pas en même temps, l'information sous forme de divertissement.

La question du salut, elle-même désormais largement séculière, est devenue une affaire humaine concernant d'abord la vie sociale et politique[2]. Le « délivrez-nous du mal » de l'ancienne prière a pris une forme nouvelle : « Sortons de l'ignorance, de la superstition, de l'oppression naturelle ou culturelle. » En société moderne avancée, le salut signifie vaincre la souffrance et la maladie, conjurer la violence, la pauvreté, la déchéance, l'exclusion, éviter si possible que les humains ne programment leur propre perte par leurs prédations continuelles sur la nature. L'intelligence technique est l'agent désigné de cette libération. Les centres d'animation qui tenaient autrefois des *retraites fermées* offrent, aujourd'hui, des sessions de développement personnel. Leurs responsables savent très bien qu'ils ne survivraient pas autrement.

Un salut devenu séculier

97

La religion n'étant plus principe de régulation sociale, chacun se sent libre à l'égard des responsabilités, engagements et pratiques qu'elle peut motiver. L'affirmation de cette liberté et la subjectivité qu'elle engendre se substituent maintenant à l'acceptation de la toute-puissance de Dieu. Propre à la modernité, puisque le Siècle des lumières le posait déjà à la conscience occidentale, le défi s'impose désormais au catholicisme d'ici : que faire de cette liberté impossible à encadrer.

Un nouveau type d'expérience religieuse

Nous parlons ici de *marginalisation*, non de *disparition*. Quelles que soient les croyances et convictions, quelle que soit la qualité de fidélité à une tradition, personne ne s'attendra à ce que cette position personnelle interfère dans les conduites publiques des citoyens : au travail, par exemple, ou dans l'exercice des droits. Au contraire, si une telle interférence arrivait, elle serait immédiatement dénoncée comme une source de violence. Chacun peut croire ce qu'il veut à condition que cela ne nuise en rien à la bonne marche de la société. Voilà ce que signifie d'abord la marginalisation. Elle comporte en outre un autre versant. Quand les convictions sont ainsi renvoyées à la vie privée, quand elles échappent à la régulation des grandes institutions, il arrive aussi qu'elles prennent une paradoxale vigueur. Le foisonnement contemporain des groupes religieux de toutes sortes, souvent appréhendés comme des *sectes* ou, plus simplement, sous le vocable de *nouveaux mouvements religieux*, ne fait pas contresens. Renvoyées aux convictions personnelles, à l'intimité d'une conscience qui arrive mal à s'arrimer au reste du monde, les attitudes religieuses tendent à se radicaliser. Elles deviennent pour ceux qui les adoptent les seuls lieux de sens possibles dans le chaos du monde. Les sujets en cultivent alors l'expérience d'une façon d'autant plus intense et exclusive. Impasse pour ceux qui la voient de l'extérieur, leur aventure spirituelle devient pour eux sortie du labyrinthe, remède contre l'angoisse de vivre, salut vécu en exclusivité. Ils s'isoleront alors d'autant plus dans leur croyance que leurs attitudes seront jugées déraisonnables et attaquées par les autres[3].

Marginalité, foisonnement, radicalisme, tels sont les termes par lesquels l'expérience religieuse d'aujourd'hui est le plus souvent caractérisée. Indéniablement, ce vocabulaire s'applique à la culture religieuse mondialisée. Aux États-Unis, les chercheurs estiment à 2 000 le nombre de nouveaux groupes «spiritualistes», d'origine chrétienne ou ésotérique. Au Japon, incorporant des éléments de shintoïsme et de bouddhisme, les nouveaux mouvements religieux seraient environ 1 500. En Afrique, les «Églises indépendantes» seraient de 15 000 à 30 000. Si le *Catéchisme de l'Église catholique* s'est vendu depuis 1992 à quatre millions d'exemplaires dans le monde, *L'Alchimiste* de Paolo Coelho s'est diffusé à plus de dix millions ! On comprendra que le catholicisme québécois soit lui aussi aux prises avec de tels phénomènes. Au Québec comme ailleurs, se profile désormais une variété colossale d'expériences religieuses, en dehors, en marge et à l'intérieur des institutions, même les plus traditionnelles.

Ce pluralisme ne se manifeste pas seulement dans les appartenances à des groupes. S'il en était ainsi, il n'y aurait pas de raison de s'en préoccuper outre mesure puisque, encore une fois, malgré la prolifération des groupes, la population touchée directement reste peu nombreuse. Plus difficile à saisir et beaucoup plus important nous semble être ce qui se passe au niveau des représentations croyantes que se donnent les hommes et les femmes d'aujourd'hui. Dans notre recherche sur *les croyances des Québécois*[4], au début des années quatre-vingt-dix, nous avons pu commencer à saisir l'éclatement des croyances à un autre niveau que celui des pratiques du culte ou des comportements moraux. La population étudiée, celle de la région 03, comprend une grande variété d'habitats (agglomération métropolitaine, banlieues, petites villes échelonnées sur le territoire, milieu rural), mais une grande homogénéité linguistique, ethnique et confessionnelle. D'emblée, nous y avons trouvé un imaginaire religieux éclaté. Même si l'appartenance nominale des individus reste catholique à 85 %, les réalités auxquelles ils déclarent croire[5] et qui leur permettent de se situer dans la globalité du monde, face à ce qui serait autrement chaos, sont désormais majoritairement marquées par des influences autres que catholiques.

Ce n'est pas que les énoncés provenant du vieux fonds traditionnel soient oubliés. Dieu, le Christ, la Vierge, les anges, les saints, le purgatoire, les articles du Credo, les enseignements de l'Église apparaissent souvent sur les lèvres de nos interlocuteurs. Mais d'autres types d'énoncés y sont encore plus nombreux : l'Ordre cosmique, l'Énergie formatrice de l'univers, la Force, Gaïa, tout cela manifesté ou non par des êtres supérieurs, extraterrestres, ou encore le Moi sublimé, parcelle de la divinité cosmique, ou encore des valeurs réifiées, telles que l'Amour, la Compassion, le Respect. « Je crois en l'Énergie à la source de l'univers », « Je crois en la Force qui est en Moi », « Je crois en l'Amour qui peut résoudre tous les problèmes humains », ne sont pas des énoncés nécessairement incompatibles avec le christianisme, quoique certains les opposent pour faire de celui-ci le vestige de croyances dépassées. Le plus souvent ils cohabitent avec lui. Parfois même, ils le colonisent. Il en est ainsi, par exemple, quand on affirme d'emblée *croire en Dieu* mais que la représentation de celui-ci, loin de correspondre au Dieu de la Bible, aimant ou vengeur, désigne tout simplement le maître d'œuvre de l'ordre cosmique, voire l'énergie matricielle du monde à laquelle les humains, quoi qu'ils fassent, ne peuvent en définitive que se conformer. Où situer la frontière entre ces représentations sécularisées de Dieu et le Dieu biblique ? Bien futé qui saurait le dire.

Le catholicisme fait face désormais à un défi majeur : *l'évanescence de ses repères* dans la culture.

Le marché
du sens
    Les représentations croyables ne sont plus aujourd'hui contrôlées par les seules institutions traditionnelles. Elles sont l'objet d'une très large mise en marché. Les règles de cette mise en marché échappent aux Églises. D'autres institutions, dont les médias, y jouent un rôle prépondérant. Un marché vit du dynamisme des échanges qui y ont cours et la concurrence garantit ce dynamisme. Aussi, les vitrines du sens présentent-elles toutes sortes de produits : les

100

uns provenant des traditions chrétiennes, d'autres marqués du sceau de la nouveauté, d'autres encore importés de cultures exogènes, telle la réincarnation (dont plus du quart des répondants à nos enquêtes reconnaissent la vraisemblance) ou encore la méditation zen. Fleurissent également des révélations particulières, des gnoses modernes, des croyances dérivées de l'imaginaire scientiste dominant les pratiques sociales. Au cœur de cet univers bigarré, s'impose l'expérience commune d'un monde soumis aux lois diffuses de l'*ordre des choses*.

Sur ce marché du sens, aucun produit ne bénéficie d'un crédit ou d'une noblesse qui lui serait reconnu à priori. Les traditions les plus anciennes, tels le judaïsme, l'hindouisme, le christianisme, l'islam, qui peuvent se réclamer de millénaires de quête philosophique, théologique et mystique, n'y sont pas absentes. Elles reçoivent simplement un traitement analogue aux autres. Leur pertinence ne s'établit pas en fonction de l'autorité qu'elles détiendraient de leur origine, mais en fonction de l'utilité, présumée ou attestée, qu'on leur attribue dans la résolution des problèmes de la vie.

Ne concluons pas trop facilement que ce marché du sens soit un marché de dupes. Devant les vitrines du sens, chacun déambule, comme il le fait devant les vitrines des boutiques d'un centre commercial. Et, fort de sa *rationalité*, il cherche le meilleur rapport qualité/prix. Autrement dit, il s'attarde aux produits qui lui permettront effectivement, pour un temps, de résoudre au mieux ses besoins et ses angoisses quant au sens de sa vie, tout en prenant garde à ses investissements. Encore une fois, les cas d'intoxication sectaire, ceux que la presse adore mettre en évidence à cause de leurs dérives spectaculaires ou morbides, se font en réalité très rares. Aussi, serait-ce faire injure à nos contemporains de penser qu'ils sont irrationnels sur le marché des biens de salut alors que partout ailleurs on vante leur rationalité. Le plus souvent ils se laissent tenter, font des essais, testent, éprouvent, évaluent, s'engagent juste ce qu'il faut pour connaître un mieux-être, jusqu'aux limites de leur satisfaction. Une fois ces limites rencontrées, ils cherchent ailleurs.

L'itinérance spirituelle
Il ne faut pas croire au caractère statique des comportements croyants, conformément à l'image établie de ceux d'autrefois. Nos contemporains n'adoptent pas une croyance pour l'éternité. Leur expérience de vie leur enseigne que, s'ils en ont changé depuis leur enfance, ils peuvent encore en changer, non pas comme des girouettes au gré du vent, mais en recherchant ce qu'il y a de meilleur pour eux. En fait, quand l'expérience devient le principe régulateur de ses choix, le sujet religieux moderne accepte implicitement de rester ouvert à la nouveauté, à un idéal plus désirable, tout comme il accepte, avec peine et souffrance parfois, que certains des chemins empruntés jusque-là soient des impasses.

C'est pourquoi nous proposons plutôt l'expression *itinéraires de sens*, pour caractériser les histoires croyantes contemporaines. Dans son sens premier, un itinéraire représente, bien sûr, un chemin balisé. Les groupes et mouvements religieux, les témoignages mis en marché par des livres, des émissions télévisées, ou autrement, les conversations, l'opinion commune, servent ici de jalons. Le sujet qui explore ces chemins n'en connaît pas la destination finale. Il se lance à l'aventure, bon gré mal gré, procédant d'un lieu à l'autre. Il devient un *itinérant*. Si, après coup, il peut reconnaître un sens à son parcours, rien, dans sa marche quotidienne, ne garantit le bout de son voyage.

Ainsi, pour les sensibilités spirituelles contemporaines, n'y a-t-il plus de sens *légué* par la tradition qui s'impose, mais seulement des expériences de sens qu'il faut *produire* pour que le chemin s'ouvre sur des horizons à venir. Être itinérant, c'est prendre le risque d'un chemin dont ne connaît pas la destination, dont on *entrevoit* seulement qu'il peut mener quelque part, qu'il peut offrir un salut, *ailleurs*.

Appartenir à une communauté croyante ?
Le problème du christianisme d'aujourd'hui, dans ce contexte, tient moins à l'insensibilité spirituelle, quoi qu'on puisse dire des institutions qui mènent le monde, qu'à de

la dispersion de sensibilités qui échappent aux régulations publiques, communautaires ou autoritaires. La difficulté rencontrée par les Québécois d'aujourd'hui, en ce sens, n'est pas de croire. Ils sont au contraire saturés de croyances. Elle est de croire avec d'autres et d'inscrire leur expérience croyante dans l'histoire et dans la société.

De prime abord, cela remet en question les frontières mêmes de ce qu'on appelle parfois avec complaisance la *communauté chrétienne*. Quel curé de paroisse n'a pas conscience du fait que, parmi ses concitoyens distants, il s'en trouve qui manifestent des comportements bien plus près de l'Évangile que certains de ses paroissiens réguliers ? Lequel n'a pas conscience du fait que certains de ses pratiquants sont aussi adeptes de pratiques nouvel-âgistes, sans y voir la moindre contradiction ?

La mise en marché des représentations croyantes, comme celle des appartenances et des symboles de salut, provoque un dérèglement général de l'univers religieux autrefois régi par des institutions à l'autorité reconnue de tous. Les limites de l'appartenance étaient alors claires, de même que le caractère licite ou non des comportements et des croyances. Ce n'est plus le cas. Aujourd'hui, d'autres autorités, cautionnées par la force de leur présence sur le marché et par l'utilité présumée de leurs produits, concurrencent les anciennes. Nous l'avons déjà signalé, certains ne voient pas de contradiction entre la résurrection, dogme central du catholicisme, et la plausibilité de la réincarnation. Se tenir loin de toute pratique liturgique n'empêche pas de reconnaître pour autant dans le message d'amour du christianisme une source majeure d'inspiration pour l'action sociale. Plus banalement, ne manifester aucun signe d'appartenance chrétienne n'interdit pas de se battre pour le maintien de l'enseignement religieux confessionnel dans les écoles publiques. De même, on peut ne pas avoir mis les pieds à l'église depuis trente ans et se scandaliser de la vente des édifices religieux, etc.

Bref, les frontières de l'appartenance à ce que les pasteurs s'ingénient à appeler la communauté chrétienne sont aujourd'hui parfaitement poreuses : nul ne sait plus qui est *dedans*, qui est *dehors*.

Aussi cette communauté est-elle devenue bien souvent furtive, discrète.

2. *Les institutions chrétiennes et les subjectivités croyantes*

La reconnaissance par les chrétiens d'une identité qui leur est spécifique représente sans doute un des principaux défis qu'est appelé à relever le catholicisme des années à venir. Cette question, une fois encore, ne concerne pas exclusivement la société québécoise. Elle découle de la confrontation du catholicisme occidental aux sociétés modernes, typique des deux derniers siècles. Elle ne s'en pose pas moins avec des accents particuliers pour le catholicisme d'ici dans la mesure où celui-ci, il y a peu de temps, portait l'identité culturelle des Canadiens français et s'associait à la plupart de leurs aventures citoyennes. Ici, davantage que dans la plupart des autres sociétés modernes, la rupture a été brutalement accusée et les institutions catholiques n'ont pas encore fini d'en liquider les séquelles.

L'identité des chrétiens — Double défi. À son niveau le plus fondamental, il consiste d'abord à définir une conscience spécifique : que signifie être chrétien dans un monde qui ne l'est pas ? Il consiste ensuite à supporter cette conscience. Cela ne veut pas dire afficher cette identité comme un fanion, loin de là. Dans la variété même de leurs formes, les communautés chrétiennes, qu'on s'emploie laborieusement à définir depuis plus de trente ans, doivent inventer les voies d'une véritable fécondité sociale. Cette question de l'identité, nous l'abordons ici d'un point de vue anthropologique. Une identité suppose un rapport aux autres à partir du lieu occupé en propre. Or, l'espace chrétien est éclaté. À l'intérieur comme à l'extérieur des frontières de l'institution, les solidarités croyantes sont dispersées et mal assurées. Selon la doctrine, un chrétien est toujours membre d'une communauté rassemblée par l'Évangile, une «Église». Quelle réalité concrète manifeste cette appartenance ?

Un problème précis nous permettra d'illustrer notre propos. Responsable de la pastorale du baptême dans son diocèse, un diacre ayant accueilli au cours de sa carrière plusieurs centaines de parents en vue de cette première initiation chrétienne de leurs enfants, nous faisait part ainsi de son désarroi : pour les demandeurs de baptême, rapportait-il, «on naît chrétien»; on désire que ce statut soit attesté par l'Église, *comme un droit*. Il ne s'agit pas de demander à être accueilli par l'Église de façon à *devenir* chrétien mais d'affirmer une qualité intrinsèque, sans autre forme de procès. Ainsi posée sur le mode de l'idéologie, la question de l'identité représente avant tout une réalité culturelle, signe obligé de la dépendance envers une lignée, un clan, une collectivité au moins virtuelle n'impliquant cependant pas de responsabilités, ni même de pratiques particulières. Indifférente à l'avenir, elle relève de la normativité d'une origine. Autrement dit, la communauté chrétienne se réduit alors au dépôt d'un mythe, sans projet.

Également aux prises avec ce malentendu, un autre responsable écrit :

Le drame est celui de deux lieux d'habitation, étrangers l'un à l'autre et sans échanges véritables qui puissent enrichir les deux parties. Le pays des parents est ce lieu à partir duquel on croit que le discours de l'Église ne correspond plus à la réalité de la vie concrète des adultes d'aujourd'hui, en même temps que l'on croit aux potentialités inscrites dans les rites et que garantit l'institution ecclésiale, pour les enfants. On demeure étranger au langage de l'Église confessante, mais on désire les gestes que la communauté permet de célébrer.

Le pays de l'Église est ce lieu où l'on affirme que les parents et les familles ne sont plus fidèles au discours ecclésial en tant que celui-ci représente l'essentiel des exigences évangéliques. De là à dire que les parents sont réfractaires aux exigences évangéliques, il n'y a qu'un pas, vite franchi par plusieurs intervenants-es ecclésiaux. Les parents sont alors catalogués, jugés et sentenciés sans autre forme de procès[6].

S'installe alors un dialogue de sourds. Scénario classique : chacun renvoie à l'autre la responsabilité de ce qu'il n'entend pas. Sans attribuer ici d'intentions fautives, tenons-nous-en au diagnostic factuel. Du côté de la demande, dans le peuple, « on demeure étranger au langage de l'Église confessante, mais on désire les gestes que la communauté permet de célébrer ». Du côté de l'offre, les pasteurs affirment des « exigences évangéliques », conditions non rencontrées chez les vis-à-vis[7]. Chacun est dans l'impossibilité d'entendre le désir de l'autre.

Ce malentendu se répercute, d'ailleurs, dans les deux autres grands rituels de passage qu'offre l'institution chrétienne : le mariage et les funérailles. Il rend bien souvent les pasteurs aphones, à moins qu'ils ne se réfugient dans la langue de bois d'un discours tout prêt, célébrant le salut et la splendeur de la « communauté » chrétienne, sans aucune prise sur leurs auditeurs.

... en crise   Ce n'est là qu'un symptôme, nous le concédons, voire un symptôme mineur de la crise d'identité traversant le christianisme d'ici. Il nous en signale cependant la double facette, indissociable. D'une part, dans les transactions entre l'Église et le monde, il devient difficile de savoir ce que signifie être chrétien. La distance qui se creuse entre les noyaux de personnes engagées et les autres conduit ces dernières à une appartenance purement juridique, sans implications ni sur le plan des convictions personnelles, ni sur celui des responsabilités sociales. D'autre part, les institutions chrétiennes elles-mêmes sont prises dans un dilemme quant à leur réalité et à leur mission. Doivent-elles continuer d'assurer des services qui coûtent de précieuses ressources et s'avèrent peu rentables ? Doivent-elles insister sur des activités de formation et de conscientisation, renforcer leur aspect communautaire, quitte à voir encore

106

se restreindre le nombre de leurs participants et prendre l'allure de groupes sectaires ?

Répétons-le, un chrétien est toujours officiellement *membre d'une communauté* rassemblée par l'adhésion à l'Évangile. L'Église lui a transmis sa foi et la nourrit. Elle lui apporte l'héritage spirituel, cultuel et moral, bref la *culture* qui lui permet de vivre son propre cheminement, quitte à ce qu'il en renouvelle les termes en fonction des exigences de son temps et de son milieu. Mais qu'est-ce que la foi ? Ce mot ne résume-t-il qu'un ensemble de croyances traditionnelles, rapportées dans de vieux textes, ou ne représente-t-il pas aussi un *acte* ? N'est-ce pas par cet acte qu'un sujet, pris dans l'éclatement contemporain de l'imaginaire croyant, sans *savoir* quant au sens de sa vie, continue de cheminer, garde active sa quête de sens ?

Si le problème est moins aujourd'hui de *croire* que de *croire ensemble*, le défi propre à l'identité du chrétien réside bien désormais dans ce passage du *je* au *nous* de la foi. Forcé à l'aventure du monde, le *je* ne peut plus faire *comme si* le monde ne l'influençait pas. Il partage les risques et, par conséquent, les doutes de sa quête de salut. Rencontrant le non-sens, il en revient souvent abasourdi, déséquilibré par rapport à ses certitudes antérieures. Le *je* de la foi, quel que soit son degré d'engagement dans la communauté, ne peut plus faire abstraction de sa fragilité. Le *nous*, quant à lui, déstabilisé par rapport à ses assises traditionnelles, confronté aux certitudes du monde, est mis en demeure de s'ouvrir à un univers étranger et souvent hostile. Il risque ainsi de s'effriter encore davantage.

Impasse pour l'institution chrétienne. Si elle disqualifie les demandes qui lui sont adressées à cause de leur distance par rapport à son idéal, elle se rend impuissante à accueillir la foi qui germe ailleurs dans le monde et qui lui échappe. Si elle accepte ces demandes sans critique, la conscience de l'identité des chrétiens devient aléatoire. Défi à la fois anthropologique et théologique. Anthropologique parce qu'il concerne les conditions concrètes du présent et de l'avenir du christianisme, dans sa forme catholique comme dans la multiplicité de ses confessions. Théologique parce qu'il exige de la part des chrétiens un travail inédit d'intelligence de leur identité et de leur rapport au monde. S'il est vrai, comme l'écrit Fernand Dumont, qu'« il est de la nature même du christianisme de vivre en état de crise et [que] l'originalité de la situation présente réside dans la conscience aiguë de cette crise permanente[8] », ce travail devient tout simplement plus urgent et plus exigeant que jamais. La responsabilité de la théologie, au sens le plus classique du terme – *intelligence de la foi, intelligence de la quête* –, suppose l'approfondissement et la progression de cette conscience dans la communauté des humains.

Le défi qu'affronte le christianisme dans le monde contemporain ne diffère pas vraiment de celui rencontré par d'autres grandes formations religieuses, tels le judaïsme et l'islam. Il consiste à *concilier la participation à la cité et la volonté de donner vie au meilleur de ses traditions*[9]. Comment définir et mettre en évidence, alors, ce « meilleur des traditions » ? Quelle est effectivement cette sagesse millénaire qu'elles enseignent ? Pour le catholicisme québécois, ce problème présente une acuité particulière. Déjà, en 1963, un intellectuel tel Pierre Vadeboncœur déplorait, après d'autres, le fait que la foi des Québécois, routinière, conformiste, sans inquiétude, « séparée du sens du réel », obsédée par la rectitude de ses contenus, ressemblait davantage à un assentiment passif qu'à l'inscription d'une sagesse dans la vie[10]. La Révolution tranquille et les quelque quarante années qui nous séparent désormais du Québec de chrétienté n'ont pas vraiment changé grand-chose à cet état, sinon que le conformisme, comme nous l'avons dit précédemment, est passé de la culture religieuse à la culture séculière. Comment repérer la foi en acte dans les rangs de « fidèles » plus ou moins distants des normes institutionnelles ? Comment en reconnaître la réalité là où le « meilleur des traditions » prend la forme d'une participation créatrice à la cité sans référence explicite aux institutions chrétiennes ? Voilà des questions auxquelles les communautés de foi doivent apprendre ou réapprendre à répondre si elles tiennent toujours à être présentes dans l'histoire.

Un des lieux de difficultés et d'ambiguïtés majeures à cet égard est celui de la *transmission de la foi*. Dans une société de conformisme religieux, cette opération ne semblait pas poser de problèmes. Elle se résumait à l'effort d'enseigner et d'apprendre des contenus objectifs, formulés de façon lapidaire, tenant lieu d'héritage culturel, dont l'appropriation tranquille permettait à chacun de consolider sa place dans la société. Ce type de transmission s'est avéré impossible au tournant des années soixante, dans une société déjà éclatée. Depuis lors, dans les écoles héritières de la mission de catéchiser, un tourbillon de méthodes, de techniques pédagogiques, d'objectifs, de programmes, d'orientations, de remises en cause, a brisé la sérénité d'antan. Leur grand nombre et leur faible résistance à l'usure devraient à eux seuls nous en faire soupçonner l'échec. De fait, à peu près tous les observateurs le constatent : après onze ans d'enseignement religieux reçu pendant l'enfance et l'adolescence, d'année en année, non seulement l'absence de véritable catéchisation mais l'inculture religieuse semblent triompher chaque jour davantage.

Quel est donc le problème ? Il nous semble beaucoup plus complexe que les options défendues sur la scène politique peuvent le laisser croire. Il ne s'agit pas simplement de choisir entre un système d'éducation confessionnel ou laïc, des écoles privées ou publiques, des programmes d'enseignement religieux ou moral, voire l'enseignement culturel versus l'enseignement confessionnel de la religion. Ces distinctions, importantes en termes politiques, configurent différents intérêts légitimement présents dans une démocratie. La vigueur des débats qu'elles entraînent, loin d'être néfaste, signifie sans doute que cette démocratie reste bien vivante et que les citoyens s'intéressent aux choix susceptibles d'altérer leur qualité de vie. Mais justement, dans cette société pluraliste dont chacun se plaît à admettre l'avènement, ne servent-elles pas en définitive plus souvent des intérêts – tout légitimes qu'ils soient – que des projets éducatifs ? Personne, actuellement, ne saurait garantir que la transmission et l'éducation de la foi s'effectuent mieux, avec de meilleurs résultats, dans les écoles privées que dans les écoles publiques, dans les programmes d'enseignement moral et religieux catholique que dans les programmes d'enseignement moral tout court, ou autrement. Les questions majeures à ce propos se posent ailleurs. Elles concernent moins la configuration du système scolaire que les rapports de la foi et de la culture.

Éduquer...

Dès lors, tentons de poser le problème autrement. Du point de vue d'une Église, communauté de foi, qu'est-ce que transmettre, qu'est-ce qu'*éduquer la foi* ? En l'absence de balises pour répondre clairement à cette question, toutes les autres risquent de conduire à des impasses.

Le développement d'une attitude chrétienne, par un enfant ou un adulte, repose essentiellement sur trois piliers. Tout d'abord, il nécessite l'acquisition d'un certain savoir. Quels sont les contenus, les dogmes et croyances de sa tradition ou de sa communauté ? Cette première dimension est celle de l'appropriation d'une mémoire collective, mémoire qui renvoie à une culture croyante et permet au sujet de construire son identité, tant par rapport à cette culture que par rapport aux autres[11]. Les *Petits catéchismes* d'autrefois assuraient cette transmission des contenus de la tradition pour des sociétés moins complexes que celles d'aujourd'hui. *Marcher au catéchisme*, selon l'expression de l'époque, consistait aussi à s'intégrer, sans violence, à une culture commune. La culture catholique étant marginalisée dans la culture commune, il devient nécessaire aujourd'hui d'inventer d'autres modes de transmission intellectuelle et culturelle de la foi.

Le deuxième pilier de la transmission et du développement de la foi est celui du rapport affectif qu'entretient normalement un croyant avec la communauté confessante de cette foi. Celle-ci représente pour lui un lieu primordial, celui du dépôt actuel de sa tradition, mais aussi celui du partage possible de ses expériences pour donner des

110

mots contemporains à sa quête de sens. Aussi longtemps qu'existe une rupture avec la communauté affective, inutile de rêver à l'efficacité de quelque entreprise de transmission, fût-elle programmée par les meilleurs pédagogues d'une institution scolaire idéale. La communauté chrétienne ne peut qu'être la première responsable de toute entreprise de transmission de la foi qu'elle porte au monde.

En clair, cela veut dire aussi que la transmission des contenus, quelle que soit sa qualité, reste une nébuleuse imaginaire, une pure théorie décrochée de la réalité, tant qu'elle ne s'articule pas à des lieux concrets qui en font un art de vivre. Un tel apprentissage notionnel n'est pas nécessairement mal reçu par ses destinataires. Étrangères à la vie quotidienne, ses implications sont simplement mises en veilleuse jusqu'à ce qu'ils puissent découvrir à quoi cela peut bien servir. Comment cela engage-t-il la vie ? Bien des parents l'avouent plus ou moins candidement quand ils font le choix de l'enseignement religieux pour leur enfant : ils désirent leur transmettre ce qu'ils ont eux-mêmes reçu, parce que cela peut être utile, même s'ils n'en voient pas la pertinence concrète pour eux-mêmes. La foi, ou ce qui en reste sous forme de mémoire religieuse élémentaire, devient alors une sorte d'étai pour l'existence[12]. On n'attend pas d'elle une direction pour la vie, mais un soutien en cas de nécessité, *au cas où...*

Autrement dit, seule une communauté vivante peut donner sens à un enseignement religieux. Ces deux premiers piliers ne suffisent cependant pas à assurer une appropriation effective de la foi. Il en est un troisième, trop souvent oublié : celui de l'agir. Dans une société éclatée, la pratique chrétienne ne peut se réduire aux gestes conformistes susceptibles de signaler l'appartenance au groupe. Elle doit susciter un engagement dans le monde, au nom de la conviction qui habite le croyant. Signifié et célébré dans la communauté, cet engagement s'impose : sans lui, tournant sur elle-même, elle n'a pas de sens. Bien plus que le savoir, l'agir est un lieu de vérité. Dans l'agir, dans les risques pris au nom d'une conviction, bien plus

dans une communauté vivante...

111

que dans la clarté de son exposé, se vérifie la force de cette conviction. C'est aussi par l'agir dont il témoigne que la crédibilité d'un discours s'assure.

Les spécialistes reconnaîtront facilement ici les trois instances du *cognitif* (savoir), de l'*affectif* (appartenir) et du *conatif* (agir), chères à la psychologie sociale. Nous n'avons pas à démontrer leur pertinence. Notons simplement que dans l'histoire récente des efforts de transmission de la foi par le catholicisme québécois, l'articulation de ces trois instances n'a pas toujours été évidente, quand elle a existé. Dans la foulée de la Révolution tranquille, une fois les manuels traditionnels délaissés, s'est installée une sorte d'oscillation entre le cognitif et l'affectif, valorisant tantôt une catéchèse lourde de contenus à transmettre, tantôt une catéchèse obsédée d'attitudes à développer. La première se scandalise du fait que des notions comme le péché et l'enfer passent à l'arrière-plan des consciences. Elle brandit le spectre de l'inculture chrétienne. La seconde s'émerveille des mystères de la grâce et dénonce la sclérose des routines paroissiales. Dans tous les cas, le troisième terme, le caractère actif de la foi, tombe dans l'oubli.

Pourtant, dans une société plurielle, la pertinence d'un discours se vérifie dans l'action, par le *risque* pris en conséquence de ses énoncés. Dans ce contexte, ne nous surprenons pas que des générations de Québécois aient délaissé un discours incapable de démontrer sa raison d'être active. À l'école, ils ont reçu l'enseignement religieux catholique. Dans sa visée d'une éducation citoyenne, l'école les a aussi formés à juger de toute réalité du point de vue de son utilité. La rationalité technique, voulue d'autant plus efficace qu'elle est l'outil privilégié pour faire sa place dans la société, a rapidement disqualifié un enseignement religieux devenu lui-même une *petite matière*.

Il est bien possible que, dans les communautés croyantes aussi, les exigences de l'agir et de l'engagement fassent peur. Après tout, pourquoi leurs membres seraient-ils différents de ces demandeurs de sacrement dont on dit justement qu'ils craignent l'engagement proposé par l'Église ? Dissociée des communautés d'expérience chrétienne et étrangère à l'agir des chrétiens dans le monde, la transmission scolaire de la foi reste alors sans effet malgré les investissements institutionnels consentis. Certains déplorent même qu'elle ne soit plus porteuse d'une culture religieuse élémentaire. D'autres considèrent volontiers qu'elle fait partie de l'identité collective, mais gardent farouchement leur quant à soi vis-à-vis de ses implications.

Le défi de la transmission de la foi soulève davantage qu'une question d'aménagement scolaire. C'est une question d'*acte éducatif*, entendu dans son sens le plus fort, *lieu de la parole tenue*[13]. En première exigence, il implique la cohérence du *dire* et du *faire*. En dernière instance, il pose aux institutions catholiques le problème de leur crédibilité. À ce propos, le catholicisme québécois a commencé à remettre en cause la pertinence de s'appuyer exclusivement sur l'école pour transmettre la foi aux jeunes générations. Dans les années à venir, il devra probablement se demander jusqu'à quel point l'école, toute orientée vers l'entraînement de citoyens performatifs et concurrentiels sur les marchés de la réussite sociale, peut servir de véhicule adéquat pour sa culture religieuse et spirituelle. Dans nos enquêtes auprès des générations adultes actuelles, un phénomène se révèle constant : les répondants avouent volontiers avoir été « religieux » dans l'enfance, portés par les milieux familial et scolaire, mais ils reconnaissent tout aussi couramment avoir délaissé cet univers croyant à l'adolescence parce que l'*école* leur a fait découvrir d'autres enjeux d'existence et d'autres univers de croyances, notamment ceux découlant des exigences « rationnelles » propres aux sociétés techniciennes.

Au-delà des accommodements politiques et des stratégies institutionnelles, il faudra se demander jusqu'à quel point la culture commune dispensée par les institutions scolaires, privées ou publiques, essentiellement culture de marché, peut être congruente par rapport aux questions de sens que veut porter au monde le catholicisme. Les finalités

... et active

113

humanistes, culturelles ou spirituelles, ne sont-elles pas vouées à la marginalité dans un système obsédé d'apprentissages fonctionnels et de savoirs opérationnels (ce que traduit déjà explicitement leur statut de *petites matières*) ? À moins de n'en retenir que les aspects supposés utiles, par exemple ceux qui portent sur la morale, l'équilibre socioaffectif ou la vie civile, tronquant alors l'originalité du message religieux au profit de sa fonctionnalité supposée. Devant l'ampleur de tels enjeux, le défi posé au catholicisme dépasse de beaucoup les aménagements juridiques auxquels on pourrait être tenté de le réduire dans certains débats sur l'enseignement religieux. Il y est question d'*authenticité* de la foi transmise et de *crédibilité* de la parole de transmission.

Trop intimement associés à l'école, les efforts d'éducation de la foi des nouvelles générations de croyants risquent tout bonnement, comme cela s'est produit au cours des dernières décennies, la disqualification face aux finalités et objectifs principaux de l'institution scolaire. Complètement dissociés de l'école, ils risquent la ghettoïsation dans des groupes fermés sur eux-mêmes. Les communautés catholiques doivent-elles désormais ne compter que sur elles-mêmes ? Nous ne saurions le dire parce que, en ces matières, bien téméraire celui qui voudrait prédire le sens des contraintes sociales. Chose certaine cependant, la prise en charge de l'enseignement religieux par l'école ne saurait servir d'alibi aux communautés croyantes devant la faiblesse ou l'inefficacité de leurs propres efforts de transmission de la foi. Le défi de la crédibilité, ici, se marie avec celui de la créativité.

Jacques Grand'Maison écrivait à ce propos il y a déjà plus de vingt-cinq ans :

> La crise de crédibilité n'est pas seulement reliée à l'autoritarisme et au dogmatisme [...]. Elle s'exprime dans l'absence d'une parole chrétienne communiquée à ras de vie. [...] Il faut redonner aux chrétiens cette liberté radicale de reformulation et de resymbolisation de l'expérience chrétienne[14].

Le défi de la crédibilité, en effet, ne se manifeste pas seulement dans les rapports de l'Église avec les institutions civiles, comme l'école. Il existe aussi à l'intérieur des institutions ecclésiastiques. Beaucoup d'ambiguïtés institutionnelles continueront sans doute, au cours des prochaines décennies, à fournir des occasions de débats aux catholiques tout en représentant, pour eux et pour les autres, des tests de vérité quant à la pertinence de leurs propositions de sens.

Pointe ici encore la difficulté d'accorder le *dire* et le *faire*. Au cours des trente dernières années, notamment, l'Église québécoise a procédé à un réaménagement radical des relations entre clercs et laïcs en son sein. Nécessité fait vertu, diront certains : les effectifs cléricaux ayant baissé, le vent de responsabilité laïcale soufflé par Vatican II a pu la pénétrer d'une façon parfois remarquable. De nouveaux ministères ont commencé à se développer, tel le diaconat. Des laïcs en responsabilité pastorale se sont donné une identité dans l'Église. Beaucoup siègent dans des comités. Plus sérieusement encore certains prennent charge de larges pans de l'animation chrétienne (de la préparation des petits enfants aux sacrements jusqu'à la prédication de retraites, etc.). D'autres participent volontiers à l'administration des paroisses ou au développement de projets de toutes sortes. Ces chrétiens, à la qualité d'engagement souvent remarquable, constituent sans contredit une richesse originale connaissant peu d'équivalents dans le monde[15]. De fait, comparé à d'autres catholicismes et à bien d'autres confessions religieuses, le catholicisme québécois n'est plus une religion cléricale, du moins pas au sens traditionnel que représentait le mot *cléricalisme*. Pourtant, les relations entre clercs et laïcs continuent d'y former un espace d'ambiguïtés pour le présent et, partant, un enjeu pour l'avenir.

Historiquement, l'autonomie des communautés chrétiennes, leur capacité de s'administrer elles-mêmes et de pourvoir à leurs besoins d'animation, a reposé sur une classe particulière de croyants *entièrement voués au service de l'Église*. Les clercs, non seulement prêtres mais

115

religieux et religieuses, ont ainsi fourni l'essentiel de ses forces. Parlant au nom de ses institutions, trouvant en leur sein une discipline de vie, ils sont devenus des modèles pour les autres. Aussi, en bien des milieux, a-t-on pris l'habitude d'identifier le catholicisme à ses clercs, pour le meilleur et pour le pire.

La distance entre l'Église et le peuple vient sans doute partiellement de cette vieille habitude. La théologie contemporaine et les pratiques de valorisation du laïcat tendent à la réduire. Tout n'est pas dit pour autant. D'une part, leur situation de fait conduit certains prêtres à un état proche de la dépression. Dépassés par l'immensité des tâches à accomplir, ils n'ont ni le temps, ni l'énergie, ni les ressources psychiques et intellectuelles leur permettant d'opérer les conversions nécessaires. D'autre part, la prise de parole laïcale ne va pas de soi non plus. Un laïc (le mot étant entendu en son sens ecclésial et non pas idéologique) est essentiellement un chrétien qui vit sa foi *dans le monde*, au service du développement humain dans des tâches ni programmées, ni contrôlées par la communauté croyante à laquelle il appartient. Sa mission fondamentale, entérinée par cette communauté et inspirée par elle, consiste à inscrire dans la culture actuelle la tradition croyante plurimillénaire dont il se réclame. Son expérience de foi se constitue d'emblée dans cette confrontation au monde. Son originalité, en retour, soutient une part de la spiritualité développée par cette communauté elle-même, dans le partage rendu possible avec d'autres expériences semblables.

Les laïcs engagés   Dans ce contexte, le respect des identités de chacun, clercs et laïcs, demeure une question importante. Au cœur des communautés chrétiennes, signe et condition de leur vitalité, le laïcat actif crée aujourd'hui l'interface privilégiée entre le christianisme et le monde. Le défi de cette nouvelle culture chrétienne, « moins cléricale » et « plus synodale »[16], reste pourtant immense. D'une part, l'intégration de laïcs dans le service de la communauté proprement dit, si désirable soit-elle, peut très bien faire d'eux des clercs de seconde zone, des pigistes voués à colmater

116

les brèches, accomplissant les tâches que les « vrais » clercs ne peuvent plus assumer. Les modèles hérités ne sont alors nullement remis en cause. L'institution ecclésiastique a-t-elle la capacité d'entendre cette *parole autre* qui sourd de l'expérience laïcale, dans sa fécondité et dans ses limites ? D'autre part, les laïcs engagés au cœur des communautés chrétiennes ou ailleurs, sans doute plus nombreux qu'ils ne l'ont jamais été dans l'histoire du Québec, sont souvent contraints de vivre anonymement leur expérience spécifique de foi. Dans le monde, ils la cachent parce que la tradition qui la porte y est vue comme anachronique, sinon violente. Dans l'Église, ils la refoulent parce que leur expérience du monde y fait peur. Dans un *no man's land* entre le passé et l'avenir, sans accompagnement ni solidarité véritables, ils doivent prendre leurs risques seuls.

Or, rappellent également les évêques dans leur visite à Rome, 80 % de ces laïcs engagés, formant les noyaux des communautés chrétiennes, sont des femmes[17]. Cela peut sembler paradoxal dans une institution par ailleurs si massivement masculine dans l'image qu'elle donne d'elle-même. Il faut bien le dire, au Québec, alors même qu'elle continue d'accorder aux femmes une reconnaissance symbolique parcimonieuse, l'Église ne dédaigne pas leur confier des responsabilités réelles à un très haut niveau. À cet égard comme pour d'autres questions, le catholicisme québécois est en avance sur d'autres pays. S'il ne pratique plus de misogynie ouverte, il reste pourtant, aux yeux de bien des observateurs externes et de beaucoup de chrétiens engagés, lieu de scandale.

La reconnaissance des femmes

Le terme n'est pas trop fort. À ce sujet, celui du traitement réservé aux femmes, la rupture entre le *dire* et le *faire* apparaît particulièrement criante. Comment peut-on confier des responsabilités à des personnes, au nom de l'importance du service que leur compétence leur permet de rendre, et leur refuser du même souffle accès à la reconnaissance symbolique et aux positions d'autorité institutionnelle commandées normalement et traditionnellement par ces responsabilités ? En dépit des ratiocinations, l'impasse continuera de miner la crédibilité des institutions catholiques[18] tant qu'elle n'aura pas reçu d'éléments de solution. Alors même que dans la société civile le combat des femmes pour la justice économique, professionnelle et politique bat son plein, il devient inconcevable que le catholicisme soit incapable de proposer d'ouvrir des avenues nouvelles, dans un leadership pratique à cet égard. Un tel prophétisme ne fait-il pas partie de sa mission ?

Entendons-nous bien. Nous ne militons pas nécessairement pour l'accès des femmes à la prêtrise. Rien ne prouve que la cléricalisation des femmes fournirait la solution ! Peut-être faudrait-il au contraire penser à une décléricalisation encore bien plus poussée de l'Église, jusqu'à ce qu'y naissent de nouvelles formes de reconnaissance symbolique auxquelles auraient accès tant les femmes que les hommes. Nous ne voulons pas non plus entrer dans un débat théologique concernant le sacerdoce. Plus souvent qu'autrement, ce débat sert de dérivatif au discours entendu, sans lui donner plus de crédibilité. Il s'agit plus simplement de signaler ici une autre forme du défi majeur posé à l'institution catholique par l'enjeu de crédibilité propre à la modernité. Cette institution a-t-elle la volonté profonde d'entendre l'*autre parole* que constitue l'expérience de foi des femmes ? Peut-elle l'entendre et la reconnaître non seulement quand elle s'exprime dans l'*entre-nous* des communautés de femmes, si longtemps tenues cloîtrées, mais aussi quand cette parole participe selon son mode propre à l'*autre parole* laïcale ? L'institution catholique est-elle capable d'inscrire le meilleur de ses traditions dans la culture contemporaine des femmes ?

3 - *Le christianisme : une mission à redéfinir*

Les ambiguïtés institutionnelles, les difficiles réaménagements des rapports avec les institutions de la société civile, ne sont, somme toute, que les indices d'un défi plus global, plus général, touchant aux rapports du catholicisme avec les sociétés modernes avancées. Le défi, disons-le encore, n'est pas exclusif au catholicisme québécois. Il prend cependant ici une singularité due aux particularités de l'histoire, de même qu'à la rapidité et à la radicalité des changements récents. Ces transformations remettent en question l'identité des chrétiens et les obligent à changer leurs habitudes et leurs mentalités. Elles bouleversent radicalement les modes hérités de pratiquer le christianisme. Elles le forcent à repenser sa mission. Comme l'écrit Émile Poulat, le problème est désormais de savoir « si et comment une pensée née et nourrie de l'Évangile pourra s'arrimer à une pensée qui se soutient et se développe sans elle[19] ».

Le catholicisme québécois vit désormais plongé au cœur de cette exigence.

Pour aller plus loin, distinguons deux termes, *mission* et *fonction*. Pendant un millénaire et demi (en fait, depuis la chute de l'Empire romain), le christianisme a servi d'encadrement moral et spirituel au développement des cultures occidentales. Il a alors exercé une *fonction sociale* éminente. Pour le meilleur et pour le pire, ses institutions ont été parmi les principales permettant aux hommes et aux femmes de se développer personnellement et collectivement, d'aménager leurs espaces publics, de donner du sens à leurs projets. Pour le meilleur et pour le pire, disons-nous, parce que l'importance sociale des institutions chrétiennes a aussi fait d'elles des alliées naturelles des pouvoirs. Dans la *chrétienté*, visées spirituelles et violences symboliques cohabitent. Pourtant, il est facile de concéder au christianisme sa fécondité historique : sinon, comment ses institutions auraient-elles pu durer et rester si longtemps désirables ? Au cours des derniers siècles particulièrement, cette fonction sociale d'encadrement culturel a pris des couleurs encore plus précises dans le catholicisme. Par exemple, quand jésuites et ursulines ont développé leurs écoles pour les garçons et les filles des villes, élaborant des programmes d'études à visées humaniste et scientifique, n'ont-ils pas démontré une remarquable capacité de réponse aux besoins de la modernité en

Mission ou fonction ?

119

développement, donnant littéralement à l'Occident le modèle d'éducation qui y prévaut encore aujourd'hui. Exemple parmi bien d'autres[20].

Les institutions catholiques n'ont pas à avoir honte de leur passé, bien au contraire, même si un esprit critique capable de repérer les failles et les erreurs commises reste toujours le meilleur garant qui soit pour penser l'avenir. En vérité, l'an 2000 du christianisme est le premier millénaire célébré par l'espèce humaine. Mais l'Église ne règne plus. La religion ne fixe plus les normes sociales. Il faut se demander en conséquence si l'encadrement de la culture comme on l'a connu au Québec, fonction sociale éminemment respectable mais dont les formes sont tributaires de circonstances historiques particulières, demeure indispensable à la mission du christianisme. Cette mission, en effet, est inscrite dans ses textes fondateurs comme une *proposition de sens* et un *service* du monde, sans se limiter, loin de là, à des modèles obligés. Conclure à la nécessité de repenser ces propositions de sens et ce service du monde en regard des cultures d'aujourd'hui ne conduit pas à dévaloriser l'histoire du christianisme. La modernité a radicalement transformé les mentalités. Dans sa forme contemporaine d'un marché mondial où tous les biens, y compris les croyances et les spiritualités, s'offrent sous forme de marchandises à valeur utilitaire, elle implique des urgences nouvelles. Si la mission du christianisme s'avère irréductible aux rôles des institutions chrétiennes dans la société, il est impératif de redéfinir ceux-ci pour saisir de nouveau l'acte de foi chrétien dans ce qu'il a d'essentiel, pour en reformuler les exigences, sans relâche, dans un monde qui ne cesse de se transformer.

Dans les années soixante-dix, le rapport Dumont pointait déjà cette urgence pour le christianisme québécois. Il lui proposait de formuler des projets s'enracinant dans sa mémoire et traduisant la radicalité de ses options de vie dans le monde contemporain. Forcées d'abandonner certaines de leurs fonctions traditionnelles devenues non pertinentes, les institutions catholiques se comportent encore

souvent comme si elles ne pouvaient en inventer de nouvelles. Tout reste donc à faire, la réflexion ne fait que commencer.

L'idée de *projet* représente d'ailleurs beaucoup plus
que la référence à un appareil fonctionnel destiné à combler des besoins. Comme l'indique le mot *projeter*, il s'agit
de *poser devant soi* un objectif non atteint mais vers lequel on tend. Cela implique d'abord la conscience d'un
manque. Celui-ci génère à son tour le désir de combler le
vide, l'écart entre l'idéal projeté et la réalité concrète, reçue. Dans un premier temps, ce manque s'exprime généralement par un discours critique à double volet. D'une
part, il consiste à prendre conscience de ses propres limites, dans un regard sur soi-même. D'autre part, il suppose
un jugement concernant ce qui est extérieur à soi : le monde,
la société, la culture, l'espace, lieux de l'*agir*. Individuel
ou collectif, un projet humain consiste à inscrire quelque
chose d'*autre* dans la société, une altérité susceptible de
rendre cette dernière meilleure. Seul l'agir qui en découle
peut attester de l'authenticité de ce désir à travers lequel la
personne et sa communauté d'insertion trouvent leur identité[21] profonde, là où *dire* et *faire* s'accordent. L'authenticité, en effet, ne se vit que dans la responsabilité.

Le projet du christianisme consiste à porter au monde
le salut annoncé par Jésus Christ. À chaque époque, ce
projet prend des formes différentes, accordées aux besoins
du temps et des lieux. Fort bien. Dès lors, qu'advient-il de
ses possibilités dans le monde québécois contemporain ?

Le projet
du christianisme

Tout d'abord, nous l'avons vu, les représentations du
monde que suppose le *croire* ne se présentent plus dans
l'homogénéité visible d'un *croire ensemble* mais dans un
univers éclaté de produits de salut mis en valeur par une
logique de marché. De l'Église qui prétendait jusque-là en
détenir le monopole, la fonction du faire-croire a glissé
vers le supermarché. Les idéaux présentés aux hommes et
aux femmes ne se concentrent plus dans un unique credo à
professer. Ils se disséminent dans chaque objet supposé
mettre le paradis à portée de main. Les nouvelles croyan-

121

ces communes s'énoncent ailleurs que dans les institutions chrétiennes. Comme l'écrit Michel Beaudin dans la présentation de son enquête sur les valeurs des gens d'affaires québécois[22] : un autre projet *occupe déjà le terrain*.

Il y a là davantage que le constat devenu banal du pluralisme. Question désormais séculière, le salut est proposé par les discours du monde, marginalisant les institutions religieuses. Telle que portée à l'avant-scène par les acteurs de la Révolution tranquille, la modernité prônait l'émancipation des Québécois par rapport aux lourdeurs de la tradition et des institutions catholiques. Les contraintes du marché leur sont aujourd'hui présentées comme inéluctables et incontournables. *L'ordre des choses*, dont nous avons vu qu'il s'imposait aussi dans l'imaginaire comme une croyance dominante, en arrive ainsi « à faire paraître dérisoire de parler de "projet de société" et même d'imaginer quelque possibilité d'alternative au capitalisme[23] » ! Un nouveau fatalisme s'installe.

Le problème le plus sérieux qu'affrontent les catholiques solidaires de leur tradition consiste maintenant à inscrire, dans ce monde « étranger » par les règles qui l'organisent, la singularité de leur vision du monde. Dès lors se pose pour eux, entière, la question des retombées pratiques de la foi dont ils prétendent témoigner, une foi non plus *privilège*, comme on l'a trop longtemps présentée, mais *responsabilité*, dans la mesure où elle instaure un *autre* rapport au monde, un sens de l'histoire différent par rapport au conformisme ambiant.

De ce point de vue, le catholicisme québécois, à l'instar des autres confessions chrétiennes dans l'Occident sécularisé, est loin d'être moribond. Ses vitalités, paradoxales, restent dans l'ombre, contrairement aux œuvres encadrant la culture autrefois. Elles n'en demeurent pas moins actives et profondément ancrées dans les terreaux humains.

Des vitalités paradoxales   Pour repérer ces vitalités, il faut prendre quelque recul par rapport aux regards conventionnels portés sur les institutions catholiques. Certes, l'histoire religieuse récente du Québec a donné lieu à des effervescences dont la créativité est indéniable : mobilisations catéchétiques, communautaires et charismatiques des années soixante-dix, efforts de renouvellement de la vie paroissiale à la suite de Vatican II, remises en question inlassables de la catéchèse et des modes de transmission de la foi. Nous ne pensons pas d'abord à ces réalités en parlant de *vitalités paradoxales*. Ces dernières se trouvent davantage dans les marges de l'institution, là où des chrétiens fidèles à leur idéal vivent la confrontation aux incertitudes, aux ambiguïtés et à la violence du monde, réinventant l'agir de leur foi.

Dans à peu près toutes les villes du Québec, et ailleurs sur la planète, se rencontrent des catholiques impliqués dans les soupes populaires, les refuges de déplacés, l'accompagnement des itinérances de toutes sortes (géographiques et physiques mais aussi émotionnelles, morales et spirituelles), bref dans les quarts mondes où les formes de la pauvreté se multiplient, où l'exclusion est radicale et la désespérance parvenue à ses limites. Les personnes engagées face à ces réalités ne brandissent généralement pas de fanions affichant leur identité confessionnelle. Elles manifestent un autre niveau de conscience. Parmi elles se trouvent pourtant des religieuses et des religieux, pas nécessairement jeunes, des laïcs, des croyants d'autres confessions de même que des incroyants et des athées. La réalité *confessante*, ici, ne se manifeste pas dans les déclarations d'appartenance mais dans l'action. Dans ce contexte, quelles que soient les histoires personnelles, toute bonne volonté est bienvenue.

Voilà un œcuménisme pragmatique, un œcuménisme de terrain. Souvent souhaité sans être réalisé, parfois frêle dans son image publique, il préfigure néanmoins celui des institutions. Les catholiques qui s'y engagent n'exercent pas nécessairement de leadership ni de contrôle des initiatives. Ils militent tout simplement parmi d'autres. Levain dans la pâte ? Qui sait ? Pour les institutions officielles, ces engagements sont souvent trop porteurs d'incertitudes

Un œcuménisme pratique

123

et d'ambiguïtés pour qu'elles y reconnaissent leur empreinte traditionnelle. Aussi, malgré leur fidélité à leur Église, ceux qui s'y adonnent ne reçoivent pas nécessairement d'elle tous les appuis attendus. Leurs convictions doivent pourtant être sans faille, puisqu'ils sont menés parfois jusqu'à prendre le risque de leur vie. Lieu d'espérance fondamentale, quoi qu'il en soit, cet œcuménisme pratique et engagé donne sans contredit à l'Église d'aujourd'hui son visage le plus concrètement crédible, visage dont les traits parlent souvent mieux et plus fort que les déclarations théoriques ou dogmatiques nécessaires par ailleurs.

La paroisse   Nous trouvons également ailleurs des créativités paradoxales qui, pour être moins radicales, n'en sont pas moins réelles. Nous avons évoqué plus haut l'important mouvement de laïcs en responsabilité pastorale qui, dans l'Église québécoise des années quatre-vingt, a permis aux institutions paroissiales de survivre et parfois de se renouveler. Nous n'en rappellerons pas les paradoxes. Mais pourtant, ces laïcs sont des constructeurs de ponts sur le fossé entre les langages d'Église et les langages séculiers. Ils doivent produire une parole qui circule dans les deux sens. Un laïc engagé en pastorale a un pied dans l'institution et un pied dans le monde. Souvent déchiré, il vit deux fidélités en tension, espérant garder son équilibre. S'il a accepté des responsabilités pastorales, c'est qu'il entend proposer à ses concitoyens un peu de la richesse traditionnelle de l'institution et des convictions qui le font vivre. Mais il apporte aussi à l'institution son expérience singulière et inédite, avec ses risques nécessaires. Les langages institués du catholicisme, tels qu'ils lui parviennent, peuvent être inaptes à assumer les contraintes du siècle, de même que ces dernières peuvent se fermer à leurs discours. L'expérience des laïcs en responsabilité pastorale, toute nouvelle et souvent originale dans ses formes québécoises, construit dans l'incertitude et l'humilité des rapports inédits entre l'Église et le monde. Personne ne sait cependant ce qu'elle pourra devenir. Les responsables diocésains cherchent encore comment lui donner une reconnaissance

124

symbolique acceptable[24] et forger des outils d'accompagnement pour les itinéraires spirituels qui s'y dessinent.

Dans le sens et dans la lancée de ces créativités para- *La vie religieuse*
doxales, il faut aussi évoquer les nouvelles formes de vie
religieuse qui éclosent alors même que les anciennes dé-
clinent[25]. Et qui plus est, alors que les congrégations religieuses traditionnelles comptent surtout des personnes
âgées, elles attirent des jeunes. Certes, l'évaluation des
expériences spirituelles qu'encadrent ces nouveaux groupes s'avère difficile. Leur réalité, beaucoup trop récente
pour tirer des conclusions, ne permet pas de pronostiquer
leur avenir. Pourtant, ils réinventent la vie religieuse, à mi-
chemin de ses formes d'autrefois et des aspirations déce-
lées dans les nouvelles générations. Il arrive que leurs
membres poussent très loin la vie spirituelle, sans bouder
pour autant les joies et les douleurs du monde.

S'il se trouve encore des pratiques routinières, si l'indifférence massive submerge les institutions, les noyaux
de chrétiens convaincus sont également plus vivants que
jamais dans le catholicisme québécois. Au-delà des succès et échecs propres à ses créativités contemporaines ori-
ginales, cette vitalité témoigne cependant d'une autre
réalité : celle d'une foi désormais loin de ses niches traditionnelles. Ce défi, sans contredit, est parmi les plus fondamentaux que doit affronter le catholicisme d'aujourd'hui.
Il vient en conséquence directe de l'évanescence des repères caractéristique des cultures contemporaines, dont la
constatation a introduit notre réflexion.

Personne ne saurait dire si la foi est aujourd'hui plus *La foi exilée*
ou moins grande qu'autrefois au Québec. Chose certaine
cependant, elle n'habite plus seulement les gîtes que lui
donnait l'institution catholique. La *foi exilée* prend alors
des formes très diversifiées qui peuvent sembler baroques
au vu de son uniformité passée. Indubitablement coloni-
sée par un imaginaire non chrétien, elle hésite souvent à
avouer ses liens avec l'Église, même quand elle se for-
mule encore dans des croyances traditionnelles. Elle pose
des questions nouvelles. La foi peut-elle se réduire à un

imaginaire croyant encadré par une institution ? N'est-elle pas aussi ce *risque de vivre* pris par tant d'hommes et de femmes alors que plus rien ne garantit un terme, un point d'arrivée, un mieux-être au bout de ce risque ? Cette situation pose au christianisme contemporain, dans sa forme catholique comme dans les autres, un défi inédit : recréer son *alliance* avec l'histoire de ces hommes et de ces femmes qui cherchent, sur des chemins ardus, toujours sinueux.

Or cette foi exilée est éminemment fragile. Non pas parce que ses convictions seraient moins profondes qu'autrefois. Mais simplement parce qu'elle est fleur de macadam, courant les risques des vents et des gels, souvent piétinée par la foule. Elle se traduit davantage dans une quête de sens, comme la violette cherchant le soleil dans les interstices du béton, plutôt que dans l'affirmation d'une puissance.

Dans ce contexte, le défi contemporain du christianisme québécois n'est plus seulement de rénover ou de réparer ses cathédrales, mais de trouver moyen de prendre soin de ces expériences de foi. Prendre soin, c'est-à-dire apprendre à les reconnaître. Ne pas les renier sous prétexte qu'elles s'alimentent hors de son giron et ne respectent pas ses normes. Apprendre aussi à les *accompagner*, non pas en les dominant ou en tentant de les remettre sur le « vrai chemin », mais dans le partage des risques de la vie, comme on partage le pain sur les chemins de l'errance, selon la signification étymologique du mot « compagnon » : *cum panem, avec le pain.* Cela ne veut pas dire abdiquer ses propres convictions. Cela exige au contraire de partir d'elles comme d'une expérience originale permettant de parler aux autres, dans la reconnaissance et le respect de leur propre expérience.

Il y a là un immense défi éducatif, défi qui ne se résume pas à une action d'instruction ou de transmission d'habitudes religieuses. *Éduquer*, en effet, n'est-ce pas prendre le risque d'une alliance avec l'autre, sans rien *savoir* de son avenir ? N'est-ce pas travailler à mettre en place, avec lui, les conditions de possibilités pour qu'il puisse assumer lui-même le sens de sa vie, pour que sa propre quête de lumière soit possible, pour qu'il advienne à la maturité de son propre cheminement ? Cela, certes, nécessite une parole. Si, encore une fois, l'éducation est lieu d'une parole tenue, ni la force de ses assertions, ni la puissance de ses autorités ne la rendent féconde. La crédibilité de celui qui tient cette parole se révèle dans les risques qu'il décide lui-même de prendre.

Le temps serait-il arrivé où la spéculation sur Dieu et sur la vérité est devenue un luxe dont les pasteurs devraient se passer, pour assumer un autre devoir, celui de pratiques de solidarités vraies ?

* * *

Aux lendemains de la Conquête, évoqués dans le premier chapitre, une question d'identité s'est posée au catholicisme québécois. Il s'agissait alors d'une identité assiégée par le conquérant britannique qui ne partageait ni la culture canadienne-française ni la croyance des habitants d'ici. Vécue comme menacée, cette croyance n'en a que davantage influencé leur culture. Plus de deux siècles plus tard, cette identité catholique pose à nouveau problème. Cette fois, cependant, la « menace » vient de l'intérieur de la communauté : éparpillement des pratiques, pluralité des comportements, ruptures entre le dire et le faire, ravages dans la mémoire, difficultés de s'inscrire dans une société étrangère à ses institutions et capable de déterminer ses propres projets à partir d'autres valeurs que les siennes. Le catholicisme québécois se voit mis au défi d'une redéfinition pragmatique de sa raison d'être, ce qui représente beaucoup plus qu'un besoin de réaménagement circonstanciel, une exigence de conversion fondamentale. Nul ne sait jusqu'où celle-ci sera possible dans les prochaines décennies.

Les institutions catholiques du Québec font face à ce choix que Peter Berger énonçait déjà, voilà trente ans, comme caractéristique de la « crise de l'Église » en modernité. Elles peuvent très bien, d'un côté, *s'adapter* à la situation : « jouer le jeu du pluralisme, de la libre entre-prise religieuse et régler le mieux possible le problème de leur crédibilité en modifiant leur produit pour l'adapter à la demande des consommateurs ». D'un autre côté, elles peuvent aussi choisir le *statu quo*, se retrancher « [...] der-rière des structures socio-religieuses qu'elles essaieront de maintenir ou qu'elles construiront et elles continueront ainsi à professer autant que possible les anciennes objecti-vités comme si rien ne s'était passé[26] ». Bien sûr, ces deux possibilités représentent des extrêmes. En fait, il faut voir que la « crise de l'Église » dans la société contemporaine se situe très précisément dans la tension entre ces deux « solutions » qui n'en sont pas.

Dans une telle tension, en effet, le repos dans les cer-titudes ne signifie rien de moins que la mort. Jamais as-suré une fois pour toutes, l'équilibre exige un travail constant de redéfinition. Il demande d'avancer sans relâ-che. C'est aussi en ce sens qu'il appelle une conversion. Son enjeu sans cesse renouvelé est celui d'un christianisme *citoyen*, à la fois capable d'une parole qui lui soit propre, sans honte ni suffisance, capable de respecter les paroles et cheminements des autres, sans crainte ni outrecuidance. Là résident sa crédibilité et sa vitalité, paradoxales.

Notes

1. Rapport présenté à l'occasion de la visite *ad limina*, 1983, p. 80 et 93.
2. Éric Fuchs, « Problématique du salut à l'âge de la post-modernité », *Revue d'éthique et de théologie morale*, n° 207, « Le Supplément », décembre 1998, p. 139-148.
3. À propos de cette logique sociale de la marginalistion des groupes sectai-res, nous renvoyons à Massimo Introvigne, « L'Église dans le monde. L'explosion des nouvelles religions », *La Documentation catholique*, n° 2209, 1ᵉʳ et 15 août 1999, p. 732-745.
4. On trouvera divers exposés des principaux résultats de cette recherche dans Raymond Lemieux et Micheline Milot (dir.), *Les croyances des Québécois. Esquisses pour une approche empirique*, Québec, Cahiers de recherches en sciences de la religion, vol. 11, 1992, 386 p.

5. Pour les fins de la recherche, nous avons appelé *croyances* des « énoncés – c'est-à-dire des *faits de langage* – concernant des *réalités objectives* ou posées comme telles, *non vérifiables* par les moyens normaux de la raison mais *mobilisateurs* pour les sujets ».

6. Luc Bouchard, *Fonctions symboliques de la ritualité : l'initiation sacramentelle des enfants*, thèse de doctorat en théologie, Montréal, Université de Montréal, février 1994, p. 185-196. Publiée sous le titre *L'initiation sacramentelle des enfants, impasse ou signe d'espérance ?*, Montréal, Fides, 1997, 272 p.

7. Voilà plus de vingt-cinq ans, on se demandait déjà en France de quel droit les fonctionnaires ecclésiastiques pouvaient traduire les exigences évangéliques en normes pour ceux qui demandaient des services à l'Église. Cf. Serge Bonnet, *À hue et à dia. Les avatars du cléricalisme sous la Vᵉ République*, Paris, Les Éditions du Cerf, 1973, 277 p.

8. Fernand Dumont, *Récit d'une émigration. Mémoires*, Montréal, Boréal, 1997, p. 123. L'auteur commente ici son livre plus ancien, *Pour la conversion de la pensée chrétienne*, Montréal, HMH, 1964, 236 p.

9. Nous empruntons cette expression à la réflexion d'un collègue sur le judaïsme français. Freddy Raphaël, « La communauté juive de France entre la fidélité créatrice et le repli frileux », dans Roberto Cipriani (dir.), « *Religions sans frontières ?* » *Present and future Trends of Migration, Culture, and Communication*, Roma, Presidenza del Consiglio dei ministri, 1994, p. 21-39.

10. Pierre Vadeboncœur, *La ligne du risque. Essais*, Montréal, HMH, 1963, 286 p.

11. Danièle Hervieu-Léger, *La religion pour mémoire*, Paris, Cerf, 1993, 273 p.

12. Voir à ce propos l'enquête de Micheline Milot, *Une religion à transmettre ? Le choix des parents. Essai d'analyse culturelle*, Québec, Presses de l'Université Laval, 1991, 165 p.

13. Philippe Meirieu, « L'éducation est un lieu de la parole tenue », entrevue réalisée par Luce Brossard, *Vie pédagogique*, nᵒ 74, septembre 1991, p. 4-8.

14. Jacques Grand'Maison, *Symboliques d'hier et d'aujourd'hui : un essai socio-théologique sur le symbolisme dans l'Église et la société contemporaines*, Montréal, Hurtubise, 1974, p. 224. Voir du même auteur, plus récemment : « Un homme ensouché », *Relations*, janvier-février 2000, p. 17.

15. Voir à ce propos Denis Robitaille, Marc Pelchat *et al.*, *Ni curés ni poètes. Les laïques en animation pastorale*, Montréal, Éditions Paulines, Pastorale et vie, nᵒ 12, 1993, 272 p.

16. Selon les termes de l'Assemblée des évêques du Québec dans son rapport au pape Jean-Paul II en avril 1999.

17. Marie-Andrée Roy, *Les ouvrières de l'Église*, Montréal, Médiaspaul, Notre temps, nᵒ 49, 1996, 424 p.

18. Ce phénomène est tout à fait visible, désormais, chez les nouvelles générations de femmes, fortes de leurs succès scolaires en contexte de coéducation.

19. Émile Poulat, *Où va le christianisme ?*, Paris, Plon/Mame, 1996, p. 306.

20. Voir René Rémond (dir.), *Les grandes inventions du christianisme*, Paris, Bayard Éditions, 1999, 246 p.

21. Sur le lien entre identité et authenticité, lire Charles Taylor, *Grandeur et misère de la modernité*, Montréal, Bellarmin, 1992, 151 p.

22. « Un projet de société occupe déjà le terrain : la société comme marché », dans Camil Ménard et Florent Villeneuve (dir.), *Projet de société et lectures chrétiennes*, Montréal, Fides, Héritage et projet, n° 57, 1997, p. 57-104.

23. *Ibid.*, p. 94.

24. « Parmi les nombreux artisans qui œuvrent au service de l'Évangile, j'aimerais mentionner les personnes que j'appelle, à un titre particulier, à collaborer à l'animation pastorale dans l'Église de Québec et préciser en quoi leurs rôles se distinguent et s'harmonisent. […] j'en suis venu à dégager un consensus très large sur le fait qu'il est temps, pour notre Église diocésaine, de passer à l'action dans la reconnaissance des ministères laïques », écrit Mᵍʳ Maurice Couture, archevêque de Québec, dans une lettre pastorale récente : « L'Évangélisation au cœur du projet pastoral de l'Église », *Pastorale-Québec*, n° 22, 22 septembre 1999.

25. On évalue à une douzaine les *nouvelles communautés* actuellement présentes au Québec. La difficulté est bien sûr de s'entendre sur une définition formelle de ce qu'on entend par *communauté religieuse*, entre le droit traditionnel et les *mouvements* qui en viennent à adopter des structures qui vont parfois jusqu'à la vie commune, selon différents degrés d'intensité. Voir à ce propos Ricky Van Lier, *Les nouvelles communautés religieuses dans l'Église catholique du Québec. Une étude de cas : Services Myriam Beth'léem*, mémoire de maîtrise en sciences humaines de la religion, Sainte-Foy, Université Laval, 1996, 304 p.

26. Peter Berger, *La religion dans la conscience moderne*, Paris, Centurion, 1971, p. 240.

Conclusion

La foi, c'est d'abord choisir sa vie, c'est parier sur la con-
dition humaine, parfois avant de mettre un nom sur la trans-
cendance [...] *Ce n'est pas moins difficile d'entretenir la*
foi dans l'humanité que d'avoir foi en Dieu.

Fernand DUMONT[1]

L'histoire retient de la deuxième moitié du XIXe siècle la montée en puissance, tant matérielle que spirituelle,
d'une Église désormais en position d'encadrer le peuple
canadien-français. Sans doute retiendra-t-on de la
deuxième moitié du XXe siècle le déclin de cette puissance. Après avoir présidé pendant un siècle à la rentrée
du Québec francophone dans la modernité, cette Église
pourtant riche en ressources n'a pas su ou n'a pas pu donner à cette modernité le souffle spirituel dont elle entrete-
nait pourtant le rêve impossible. Profondément blessée par
cet échec, elle se retrouve aujourd'hui aux prises avec une
mémoire ravagée, souvent même diffamée, dont elle ne
sait que maladroitement défendre les derniers bastions.

Il reste bien des mouvements dynamiques, des laïcs
engagés – surtout des femmes, malgré le peu de reconnaissance donnée à leurs compétences –, des jeunes même
qui découvrent, parfois comme un dernier refuge du sens,

une histoire reçue sur le mode de l'étrangeté. Ces mobilisations, ces vitalités paradoxales, n'arrivent que difficilement à rendre leurs projets signifiants pour d'autres que ceux qui s'y impliquent. Sécularisée dans son imaginaire, tendue vers d'autres objectifs, réfractaire à tout ce qui connote un passé rejeté, la société québécoise ne leur donne que peu de place, quand elle ne les rejette pas tout simplement. Déséquilibrée dans ses assises traditionnelles, fragilisée dans ses institutions, incertaine de son avenir, l'Église elle-même les craint, quand elle ne les refoule pas.

La situation contemporaine du catholicisme rappelle, à sa façon, le dilemme rencontré désormais par tous les croyants et que caractérisait de belle façon le philosophe Jean Guitton : il lui faut choisir « entre l'absurde et le mystère ». L'absurde, c'est-à-dire l'abdication par rapport à la singularité du sens reçu de sa tradition et qu'il se donne comme mission de porter au monde. Le mystère, c'est-à-dire le saut dans l'inconnu, le risque à prendre pour continuer d'affirmer quelque chose de ce sens. Le mystère, le risque de l'*autre*, le risque pris avec l'*autre*, quand l'affirmation d'une conviction suscite la critique et force à se critiquer soi-même. Le sens, en effet, ne va plus de soi. Il a besoin de s'exprimer dans des formes inédites et les engagements ambigus de l'action le rendent fragile. Sa vérité impose de mesurer la relativité des discours qui prétendent en rendre compte et d'accepter leur inaptitude à dire ce qu'on voudrait qu'ils disent.

La tentation du christianisme, devant un monde qu'il ne contrôle plus, est de se refugier dans le *privé*. Tout, dans le contexte social, l'incite à chercher un tel refuge.

La tentation du privé

Le privé, en effet, représente une sphère de la vie où le sujet n'a plus de comptes à rendre, puisque les événements qui s'y passent ne regardent personne d'autre que celui qui prétend les vivre. Il n'est pas nécessairement un lieu de vérité, de mise à nu d'un désir qui n'a rien à cacher, mais peut facilement devenir un ghetto, un lieu de refoulement. Possible refuge pour des croyances qui n'osent plus s'affirmer sur la place publique, il s'avère alors cul-de-sac, signe de l'incapacité de parler aux autres, symptôme de l'impuissance à prendre le risque de l'autre. Jamais le christianisme n'a pu être réduit à la recherche d'un salut privé ou d'un privilège à protéger. Il se veut plutôt porteur de la révélation d'un salut offert à tous, y compris aux plus démunis, aux plus pauvres et aux moins doués. Le défi, ici comme ailleurs, maintenant comme autrefois, réside donc dans son audace à jouer publiquement d'une transparence ne cachant en rien les failles, les hésitations, les doutes de ses fidèles, ni leurs perversions quand il s'en trouve comme en tout groupe humain. Sa *vérité*, celle de la quête de salut incarnée dans sa tradition et dans les actes des chrétiens d'aujourd'hui, et celle de la relativité toute humaine de leur discours, est la condition même de sa crédibilité et de sa fécondité.

Il s'agit pour cela d'*inscrire* aujourd'hui, *dans la cité, le meilleur de sa tradition*. C'est là un défi de taille. Dans son histoire en effet, cette inscription, parfois réussie, trop réussie peut-être, a fait de ses institutions des lieux de pouvoir capables d'imposer leur volonté aux autres, pervertissant d'autant la vérité de son projet. Au Québec, il porte encore comme une hypothèque insolvable les abus, réels ou inventés, de cette histoire. Il doit surmonter un déficit de crédibilité pour faire la preuve que ses prises de parole sur la place publique sont autre chose que la récupération des poussières de ce pouvoir et de ses anciens privilèges.

Reconnaissons-le : ses examens de conscience internes, comme les changements sociaux externes l'ont déjà poussé à la conversion, parfois forcée, parfois voulue et assumée en toute conscience. Vatican II a donné au catholicisme québécois une poussée importante, dans un sens auquel il n'était pas habitué, celui de la liberté. En effet, la déclaration *Dignitatis Humanæ*, en 1966, fait de la liberté de conscience une exigence pour l'ensemble des êtres humains et non seulement un droit revendiqué à leur seul profit par les chrétiens. Elle va très loin dans sa logique croyante, affirmant la liberté religieuse non seulement comme une condition du vivre ensemble, dans une sorte

Une conversion amorcée

133

de pragmatisme politique, mais en lui donnant un *fondement religieux* : « [...] la dignité même de la personne telle que l'a fait connaître la Parole de Dieu et la raison elle-même[2]. » Paradoxalement, cette position catholique s'avère à l'analyse plus radicale que bien d'autres. En faisant de la liberté une exigence liée à sa vision religieuse du monde, et non seulement comme un droit, elle instaure aussi une critique du monde et de tous les totalitarismes qui rongent la dignité humaine. Elle propose une éthique publique, une éthique qui est *exigence de non-contrainte* sur les expressions religieuses des citoyens :

> En vertu de leur dignité tous les hommes, parce qu'ils sont des personnes, c'est-à-dire doués de raison et de volonté libre, et par suite, pourvus d'une responsabilité personnelle, sont pressés par leur nature même et tenus par obligation à chercher la vérité, celle tout d'abord qui concerne la religion. [...] Ce n'est donc pas dans une disposition subjective de la personne mais dans sa nature même qu'est fondé le droit à la liberté religieuse[3].

Il est encore bon de s'en souvenir à l'aube d'un nouveau millénaire. La conversion n'a pas donné tous ses résultats. Elle a sans doute amené beaucoup de catholiques à se méfier des illusions, là où leur vie religieuse demeure vivante. Elle ne leur a pas encore nécessairement appris, cependant, à tenir haut et clair le discours de liberté auquel elle les convie, ni à se dégager des oripeaux devenus dérisoires de l'ancien monde, ni à devenir fiers d'eux-mêmes dans le nouveau. Le catholicisme québécois éprouve beaucoup de difficultés à redevenir *citoyen*, à prendre sa place dans ce monde qu'il ne contrôle pas. Ce que nous avons appelé plus haut : *prendre le risque de l'autre*.

Être citoyen, en effet, ce n'est pas se terrer dans les refuges du privé, ni dominer la place publique en y affirmant ses privilèges. C'est participer au débat public en y inscrivant sa singularité, celle d'une histoire et d'un idéal, d'un passé assumé et d'un avenir espéré.

Pour cela, le catholicisme québécois doit désormais devenir *compagnon* de tous ceux qui, dans la pluralité de la place publique, affirment leur propre singularité dans une histoire appelée à devenir commune, une histoire *en train de s'écrire*, qu'ils en pensent les termes dans une tradition pérenne, dans l'invention d'une cosmologie de leur cru, ou encore dans la laïcité.

L'urgence de la tâche devient d'autant plus manifeste que le pluralisme actuel des quêtes de sens, ce droit, pour tout humain, de penser et de donner un sens à sa vie et de pouvoir en débattre avec les autres, est un droit fragile. L'Occident matérialiste du dernier siècle n'a pas rejeté ses traditions religieuses pour les remplacer par d'autres. Il les a remplacées par une conception mécanique et déterministe du salut, un salut échappant à la responsabilité humaine mais le résultat calculable, quoique aléatoire, de leur adaptation à *l'ordre des choses*. Ce salut *séculier*, qu'on appelle progrès, enrichissement, harnachement de la nature, conquête des marchés, contrôle génétique ou de bien d'autres noms, porte la noblesse de tout combat contre la mort et se présente en même temps comme une idole, exigeant la soumission des hommes et des femmes à des impératifs devenus absolus. Comme toute illusion, il occulte alors le prix à payer de ses succès éphémères.

L'enjeu d'un catholicisme citoyen capable d'inscrire la singularité de sa tradition dans le débat public, refusant tant les privilèges que la réduction au silence, n'évoque rien de moins que la conception d'eux-mêmes que peuvent développer les humains : des êtres libres d'assumer leurs limites et d'en prendre la responsabilité, ou des êtres soumis à un destin implacable. Or c'est là l'enjeu, également, de la démocratie, d'une démocratie jamais acquise mais toujours à construire. Pour cela, elle exige la responsabilité des citoyens à son égard. Croire en la liberté des humains – et le catholicisme de Vatican II en a affirmé la voie comme essentielle – conduit nécessairement à travailler au développement de la démocratie, c'est-à-dire de la liberté de parole des autres comme de soi. Terminé le temps des rêves théocratiques, rêves qui dans l'histoire ont si souvent tourné au cauchemar, le temps vient de promouvoir la démocratie dans toutes ses formes.

Pour le catholicisme québécois, cet enjeu de devenir pleinement citoyen recèle bien des paradoxes. Pour une institution habituée à l'hégémonie, favoriser la parole des autres, travailler au développement de la pluralité, ce n'est pas une mince affaire. La pluralité, pourtant, fonde la démocratie. Quand tous disent la même chose, il n'y a pas de débat, donc pas de production de sens à partir du désir partagé. Dès lors, le catholicisme d'aujourd'hui doit participer à la construction de la laïcité elle-même. Parce que la laïcité, celle de l'État et de ses institutions notamment, est finalement la condition politique de la liberté de parole et la forme normale de la démocratie en ce qui concerne la pluralité religieuse.

Le catholicisme québécois est ainsi amené à penser, avec d'autres, non seulement une *laïcité ouverte*, mais une *laïcité fertile*[4]. Un christianisme *citoyen*, dans une *laïcité fertile*, ne peut se contenter, comme le pape défendant ses États au XIXe siècle, d'une « attitude toute paternelle » à l'égard des autres, ni, encore moins, d'un christianisme d'étiquette comme celui qui a servi de fanion à trop de « démocraties chrétiennes », parfois chrétiennes et corrompues, au XXe siècle. Il ne peut souscrire aux avatars de démocratie, à fortiori entériner les manipulations de celle-ci qu'ont représentées jusqu'ici tant de stratégies de préservation des privilèges. Il doit affronter les défis inhérents à ses propres actes de foi, ces actes de foi par lesquels « une société ne reste humaine et vivante que dans l'accueil de la différence[5] ». Il doit en cela accepter le risque du merveilleux, voire aménager un espace à ce merveilleux dans le mystère de l'expérience humaine d'aujourd'hui, croyante ou incroyante.

136

1. *Une foi partagée*, Montréal, Bellarmin, 1996, p. 20, 28.
2. Vatican II, « Déclaration sur la liberté religieuse » *(Dignitatis Humanæ)*, dans *Liberté et respect*, présentée par Christian Baboin-Jaubert, Lyon, Librairie Saint-Paul–Éditions La Bonté, 1966, art. 2.
3. *Ibid.*
4. Voir à propos de ce concept Marie-Christine Ray, « Pour une laïcité fertile », *L'Église canadienne*, vol. 32, n° 4, avril 1999, p. 129-131.
5. Gabriel Ringlet, *Dieu serait-il laïque ? Évangile d'un libre penseur*, Paris, Albin Michel, 1999.

Bibliographie

Voici quelques ouvrages généraux sur le catholicisme québécois, son histoire et sa situation contemporaine. Ils aideront le lecteur qui désire explorer davantage certains aspects de la question.

I. Ouvrages et articles

Courcy, Raymond, *Le rôle social et politique de l'Église catholique dans les quartiers populaires au Québec*, thèse de doctorat de troisième cycle, Bordeaux, Université de Bordeaux, 1981, 427 p.

Danylewycz, Martha, *Profession : religieuse. Un choix pour les Québécoises 1840-1920*, Montréal, Boréal, 1988, 246 p.

Dumont, Fernand, « Situation de l'Église québécoise », dans Vincent Lemieux (dir.), *Les institutions québécoises, leur rôle, leur avenir. Colloque du 50ᵉ anniversaire de la Faculté des sciences sociales de l'Université Laval, 12-14 octobre 1988*, Québec, Les Presses de l'Université Laval, 1990, p. 77-88.

Grand'Maison, Jacques, Lise Baroni et Jean-Marc Gauthier (dir.), *Le défi des générations. Enjeux sociaux et religieux du Québec aujourd'hui*, Montréal, Fides, Cahiers d'études pastorales, 15, 1995, 496 p.

Hamelin, Jean, *Le XXᵉ siècle*, tome 2 : *1940 à nos jours*, Montréal, Boréal, 1984, 425 p.

Hamelin, Jean (dir.), *Les catholiques d'expression française en Amérique du Nord*, Bruxelles, Éditions Brepols, Fils d'Abraham, 1995, 212 p. + 24 illustrations.

Hamelin, Jean et Nicole Gagnon, *Le XXᵉ siècle*, tome 1 : *1898-1940*, Montréal, Boréal, Histoire du catholicisme québécois, 1984, 507 p.

Lemieux, Lucien, *Les XVIIIᵉ et XIXᵉ siècles*, tome 1 : *Les années difficiles (1760-1839)*, Montréal, Boréal, Histoire du catholicisme québécois, 1989, 438 p.

139

Lemieux, Raymond, « Les catholiques dans la Révolution tranquille : *aggiornamento* ou assimilation ? », dans Yves Roby et Nive Voisine (dir.), *Érudition, humanisme et savoir. Actes du colloque en l'honneur de Jean Hamelin*, Québec, Les Presses de l'Université Laval, 1996, p. 295-316.

Lemieux, Raymond et Micheline Milot (dir.), *Les croyances des Québécois. Esquisses pour une approche empirique*, Québec, Les Cahiers de recherches en sciences de la religion, vol. 11, 1992, 383 p.

Lemieux, Raymond et Jean-Paul Montminy, « La vitalité paradoxale du catholicisme québécois », dans Gérard Daigle (dir.), *Le Québec en jeu. Comprendre les grands défis*, Montréal, Presses de l'Université de Montréal, 1992, p. 575-607.

Milot, Micheline, *Une religion à transmettre ? Le choix des parents. Essai d'analyse culturelle*, Québec, Les Presses de l'Université Laval, 1991, 165 p.

Montminy, Jean-Paul et Jacques Zylberberg, « Reproduction sociopolitique et production symbolique : engagement et désengagement des charismatiques catholiques québecois », *The Annual Review of the Social Sciences of Religion*, vol. 4, 1980, p. 121-148.

Sociologie et sociétés, « Catholicisme et société contemporaine », vol. XXII, n° 2, octobre 1990, 226 p.

Turcotte, Paul-André, *L'enseignement secondaire public des frères éducateurs (1920-1970). Utopie et modernité*, Montréal, Bellarmin, 1988, 220 p.

II. **Commission d'étude sur les laïcs et l'Église, sous la présidence de Fernand Dumont**

Volume 0, *L'Église du Québec, un héritage, un projet*, Montréal, Fides, 1971, 223 p.

Volume 1, Voisine, Nive, avec la collaboration d'André Beaulieu et de Jean Hamelin, *Histoire de l'Église catholique au Québec (1608-1970)*, Montréal, Fides, 1971, 112 p.

Volume 2, Clément, Gabriel, *Histoire de l'Action catholique au Canada français*, Montréal, Fides, 1971, 331 p.

Volume 3, *Croyants du Canada français 1. Recherches sur les attitudes et les modes d'appartenance*, Montréal, Fides, 1971, 141 p.

Volume 4, *Croyants du Canada français 2. Des opinions et des attentes*, Montréal, Fides, 1971, 303 p.

Table des matières